Helferich Peter Sturz

Schriften

Band 1

Helferich Peter Sturz

Schriften
Band 1

ISBN/EAN: 9783743322783

Hergestellt in Europa, USA, Kanada, Australien, Japan

Cover: Foto ©ninafisch / pixelio.de

Manufactured and distributed by brebook publishing software
(www.brebook.com)

Helferich Peter Sturz

Schriften

Schriften

von

Helfrich Peter Sturz.

Erste Samlung.

Neue verbesserte Auflage.

Leipzig,

bey Weidmanns Erben und Reich. 1786.

Vorrede.

Diese neue Ausgabe von dem Nach=
laß eines Schriftstellers, dessen Plaz,
wie der so mancher anderen, in diesen
lezten Jahren unserer Litteratur ent=
rissenen, vortreflichen Männer, noch

2   nicht

nicht ausgefüllt ist und schwerlich so bald ausgefüllt werden wird, bedarf keiner weitläuftigen Vorrede. Sie ist weder eine vermehrte, noch vollständige, und soll beides nicht sein. Mehr würde auch die zweite Samlung bei ihrer ersten Erscheinung nicht enthalten haben, wenn Herausgeber und Verleger freie Hand dabei gehabt hätten. Man hat nichts aufgenommen, wovon man nicht mit ziemlicher Gewißheit vermuten konte, daß auch der Verfasser

faſſer ſeinen Schriften es künftig ein=
verleibt haben würde. Vielleicht hät=
ten ſogar einige der hier nicht aufge=
nommenen Stücke mit einer leichten
Ueberarbeitung, kleinen Weglaſſungen
und Zuſäzen ihren Plaz darin gefun=
den und vielleicht hätte ein Freund des
ſeligen Sturz, den dieſer ſeines ganzen
litterariſchen Vertrauens würdigte, dieſe
gewagt, wenn nicht alle Meißeleien
an fremder Arbeit ihm ſo verhaßt wä=
ren, als Sturzen ſelbſt. Wären auch

unge=

ungedruckte Auffäze in seinen Händen,
so würde er, eingedenk des Verbots
von einem Sterbenden, sie nicht zum
Drucke hergeben, so wenig als er der
Verräther seiner freundschaftlichen, sonst
des Lichtes im hohen Grade würdigen,
Briefe werden will. Manches schöne
Fragment, besonders aus den Briefen
eines Reisenden, deren noch mehrere
folgen solten, erinnert er sonst sich gesehen zu haben, das, selbst als Fragment, die Zierde dieser Ausgabe sein
würde,

würde, und erinnert sich zugleich, mit
noch nicht geschwächter Empfindung,
so mancher angenehmen, mit einem der
aufgeklärtesten und liebenswürdigsten
Männer unsrer Zeit verlebten, Stunden und Tage. Unter seinen unvollendeten Arbeiten bedauert er vorzüglich
eine sehr glückliche Verdeutschung der
heimlichen Heirath von Coleman und
Garrick, und unter den unausgeführten
Plänen, eine Geschichte Peters des Gro
ßen, die, bei den jezt dazu vorhan

4   denen

denen Hülfsmitteln, unter Sturzens
Hand gewiß ein Meisterwerk geworden
wäre.

Die Erinnerungen aus dem Leben
des Grafen von Bernstorf machen, als
die älteste seiner reiferen Arbeiten, den
Anfang dieser Ausgabe; auf sie folgt
die ganze erste Samlung, wie sie noch
kurz vor des Verfassers Tod erschien,
und einzele, aus dem deutschen Museum, dem sie großentheils ihre Ent-
stehung zu verdanken hatten, entlehnte
Auffäze

Auffäze machen den Beschluß. Einige angehängte Gedichte schienen zum Verwerfen zu gut, obgleich ihr Verfasser auf den Namen eines Dichters nie Anspruch machte.

Das der zweiten Samlung vorgesezte Bildniß stellte, bei einiger Aehnlichkeit, zu wenig von Sturzens Geist dar, dessen Aeußeres diesen freilich mehr verrieth, als zeigte, um hier wiederholt zu werden; allein von den beiden Auffäzen über sein Leben hat

man

man abermals Gebrauch gemacht, da
sie von Freunden, zuverläßig, und gut
geschrieben sind, man auch wenig mehr
von ihm zu sagen wuste und dieses
Wenige noch nicht sagen konte.

M. den 1sten Mai. 1786.

B.

An

An den

Herrn Hofrath und Leibarzt Zimmermann in Hannover.

Hier sind meine Briefe aus England und Frankreich, weil Sie es, liebster Freund, so wollen, gedruckt. Aber die Herren im Tribunal werden finden, daß Nachrichten vom Jahre 1768 — keine Neuigkeiten sind. Ich habe noch andere Aufsäze angehängt, wovon einige aus dem Museum bekant sind;

und

und ich nenne das meine erste Samlung, ohne darum eine zweite zu ver-
sprechen, die vielleicht auch Niemand
verlangt. Es sind Kleinigkeiten, hin-
geworfen in Erholungsstunden von ernst-
haftern Geschäften, und sie mögen ihren Tag mitflattern, unter den Ephe-
meren dieser Zeit.

Oldenburg, den 2. Jul.
1779.

Inhalt.

Inhalt.

Sieben=

Erinne=

Erinnerungen

aus dem Leben

des Grafen

Johann Hartwig Ernst
von Bernstorf.

An die Frau Gräfin

E. C. von Bernstorf,

geborne von Buchwald.

Ich mache keinen Anspruch auf Autorschaft und Schriftstellerruhm, dazu konten mich, wie Ew. Gnaden bekant ist, weder die Geschäfte, noch die Schicksale meines Lebens, führen; sondern weil Ihr verewigter Gemahl mein größter Wohlthäter war, weil ich viel freudige glückliche Jahre in seinem Hause, unter seiner Leitung durchlebt habe, weil er mich bis an

A 2   sein

sen Ende seines Vertrauens und seiner Ge-
wogenheit würdigte: so verkündige ich meine
Empfindungen. Ich erzähle, welchen Mann
die Erde verlor, und ich eigene das Opfer
meiner Dankbarkeit Ew. Gnaden zu, weil
niemand diesen Verlust zärtlicher, inniger
empfand, und weil auch mein Dank Ihnen für Ihre mannigfaltige Güte gebührt.
Ich erneure zwar traurige Auftritte; aber
Erinnerung an den vortrefflichen Mann ist
Bedürfniß Ihres Herzens.

Oldenburg, den 4. Jul.
1777.

=

H. P. Sturz.

Ich

Ich wünschte Bernstorf zu schildern, wie er einst vor dem Gerichte der Nachwelt erscheint, wann kein Lob und keine Verläumdung mehr täuscht, wann die Zeit alle Stimmen gezählt und gewogen und seinen Werth berichtiget hat, wann die Folgen seiner Thaten allein für ihn zeugen.

Alsdann, ich darf es erwarten, wird ein dankbares Volk ihn segnen, dessen Väter er glüklich machte, und erleuchtete Monarchen werden, zum Lohn ihrer Sorgen, einen Diener wie ihn von der Gottheit erflehn.

Aber Bernstorfs Geschichte ist innig mit der neuesten Geschichte aller Höfe verflochten; und wer darf es wagen den Vorhang

wegzu-

wegzuziehn, der diese Geheimniſſe deckt?
das bewegliche grenzenloſe Gemälde der poli‐
tiſchen Welt zu entwerfen, das eine Mei‐
ſterhand fordert, und doch nur für ſpätere
Zeiten gehört, wo man die Wahrheit, weil
ſie weniger beleidigt, auch unter den Mäch‐
tigen erträgt?

Ich kan alſo Bernſtorf nicht durch alle
Auftritte ſeines merkwürdigen Lebens fol‐
gen. Ich mache mich nur zu zerſtreuten Er‐
innerungen, zu wenigen, aber merkwür‐
digen, Zügen ſeines Karakters verbindlich.
Ich ſamle nur einzele Zweige zur bürgerli‐
chen Krone dieſes Menſchenfreunds, und
ich lege ſie auf ſein ehrwürdig Grab nicht
ohne ſtille Thränen nieder, denn ich habe
ihn gekant, ich habe den Miniſter hinter
der Wolke geſehn, die ihn im Kreis der Ge‐

ſchäfte

ſchäfte verbarg, die ihn gegen den ſpähen=
den Blick der Höflinge ſchützte.

Mögte es mir gelingen, mit Würde
von dem Manne zu reden, der edlen An=
ſtand und jede Schönheit der Tugend über
ſeinen ganzen Wandel ausgoß! Nur wünſchte
ich den Ton der Lobrede zu meiden, der ſich
gerne zur feurigen Bewunderung geſellt und
den kältern Beobachter mißtrauiſch macht;
Dieſer fordert Eigenthümlichkeit in dem Bilde
großer Männer, und erwartet Menſchen
zu ſehen, keine Göttergeſtalten, die in den
Denkmaalen der Schriftſteller und Künſtler
ſich immer einförmig ähnlich, ſo wie immer
über der Natur ſind.

Bernſtorf ſtamte aus einem, durch
Würden und Verdienſte verherlichten, alten
Geſchlecht. Er war im Ueberfluß der Glücks=

güter erzogen; ein Zufall, der den Weg
zur Tugend mit neuen Hindernissen, mit
neuen Gefahren umringt, weil Reichthum
und Geburt ohne Mühe ein Ansehn gewäh=
ren, das sonst nur der Preis einer langen
Arbeit ist. Bernstorf aber strebte mit einem
Eifer nach Verdienst, als wenn er Glück
und Namen erst durch seinen Fleis erwer=
ben sollte.

Mit einem Ernst über seine Jahre über=
ließ er sich früh dem tugendhaften Ehrgeiz,
nach der Achtung der Edelsten zu ringen.
Es war eine Maxime seiner Jugend, die
er oft noch im Alter wiederholte, mehr zu
leisten, als Pflicht allein fordert, und dies
war immer der güldne Spruch aller Unsterb=
lichen. Er trat noch als Jüngling in die
Aemter des Mannes. Schon im zwanzig=

ften

ßen Jahre ging er als dänischer Gesandter
an den chursächsischen und königl. polnischen
Hof, und er hat nachher die nämliche
Würde in der Reichsversamlung zu Regensburg, bei Kaiser Karl dem Siebenden und
am französischen Hofe, bekleidet.

In einer langen Reihe von Jahren,
gingen alle Veränderungen der Staatswelt
nahe an seinem Auge vorüber; nirgends
trug sich ein wichtiger Vorfall zu, den er
nicht aufgeklärt, dessen wahren Zusammen-
hang er nicht entfaltet hätte. Er selbst hatte
viel Regenten, viel Minister, viel Günstlinge gekant, oder er war ihnen durch ihr
Leben mit einem forschenden Blick gefolgt;
er kante die Verfassung der Reiche, ihre
Verhältnisse mit ihren Nachbarn, den Gang
ihrer Politik, die oft den ungeübten Beobach-

A 5   ter

ter durch scheinbare Abwechselungen täuscht, und doch bei mehr als einem Hofe Jahrhunderte lang die nämliche bleibt, weil der Geist der Nazionen, ihre Art zu empfinden und zu handeln, nur langsam eine neue Wendung nimt.

Sein Herz war für jede Tugend empfindlich; er suchte sie in der Geschichte und unter den Lebendigen auf; er hatte sich von seltenen Leuten Züge der ersten Vortreflichkeit gewählt, und wünschte sie alle in seinem Karakter zu vereinigen.

Die Vorsehung, welche so beständig und so sichtbar für Dännemark wacht, hat ihm auch diesen Minister erhalten, der nach seiner Zurückkunft aus Frankreich schon einem andern Lande zugehörte. Er hatte sich dem Vater des jezigen Königs von Großbritannien,

nien, dem gütigen Prinzen von Wallis, mit
dem er erzogen war, in seiner Jugend ver-
pflichtet, als der Tod dieses Fürsten Bernstorf seine Freiheit und dem dänischen Reich
einen schon geprüften, großen Diener wie-
dergab.

Er war in der Kraft seiner Jahre, da
er seine Staatsverwaltung antrat, und
Friedrich der Fünfte hatte noch nicht lange
geherrscht, ein Monarch, der durch seine Leidenschaft wohlzuthun, durch die unwandel-
bare Güte seines Herzens die Freude des
menschlichen Geschlechts war, der sich ganz
der Wollust geliebt zu sein überließ, der von
Vergnügen überfloß, wann er es um sich
her verbreiten konte, dessen Ruhm auf dem
Wege zur Unsterblichkeit immer höher steigen wird. Zwar warfen ihm die Schmeich-

ler

ler der Tirannen seine unbegrenzte Geltndig-
keit vor. Wenn man ihnen glaubt, so er-
schlaffen die Zügel in der Hand eines allzu-
gütigen Regenten. Als hätte das Volk seine
Fürsten nur darum mit Uebergewalt bewafnet, damit es vor ihnen zittern müsse? Am
Thron des Despoten mag immer die Lobrede
des Sklaven wiederhallen; stille widerlegt
sie der Unterthanen Fluch, und die kühnere
Nachkommenschaft laut. Es kan einem
Menschenverächter gelingen, mit tugendloser
Klugheit einen Haufen Iloten in schrecken-
voller Ordnung zu beherschen, aber für ihn
ist auch keine Wolluft der Liebe, kein Vertrauen, keine Freude der Menschlichkeit mehr.

Um Friedrichs Thron drängte sich ein
zufriednes, frohlockendes Volk; es umringte
ihn, wie in dem ersten Alter der Welt eine
Fami-

Familie ihren Vater umringte. Er umfaßte
sie alle mit gleich inbrünstiger Liebe, und
sie wurden von seiner Gewalt nur durch sein
Wohlthun überzeugt. Er wurde nie zum
Zorn, nie zur Strenge gereizt. Er war
immer ohne Bitten zur Gnade geneigt. Oft
hat er als König das Gute belohnt, was,
in der einsamen Hütte verborgen, nicht den
Monarchen, nur den Menschen rühren konte, und was dem Menschen mißfiel, hat er
nie als König gerächt.

Diesem König diente Bernstorf mit einem nicht minder zärtlichen Herzen. Daher war auch seine Verwaltung der einhei-
mischen und auswärtigen Geschäfte eine
Reihe menschenfreundlicher Thaten. Sein
Sistem in der Politik war, was es am
Thron guter Könige ist, Friede, gutes Ver-
nehmen,

nehmen, wechſelſeitige Dienſtfertigkeit, Wohl¬
fahrt und Ruhm fürs Vaterland, Vortheile,
auch für fremde Staaten. Damit erwarb
er ſich Vertrauen, und bewies, daß redlich
handeln die vortheilhafteſte Staatskunſt ſei,
anſtatt daß ein Gewebe von Ränken nur
eine Zeit lang gelingt und endlich ohnfehl¬
bar die Verachtung und den Abſcheu aller
Völker gegen den Betrüger vereinigt. Nie
ward von ihm die Heiligkeit der Verträge
beleidigt, nie die geſezmäſſige Verfaſſung ir¬
gend eines Staats untergraben. Er erlaubte
ſich nie Unterdrückte zu verfolgen, um dem
Mächtigen zu ſchmeicheln, ſich zum Sieger
zu geſellen, um die Beute des Ueberwunde¬
nen zu theilen; ſondern er dachte und han¬
delte am Ruder des Staats, wie ein tu¬
gendhafter Mann in der bürgerlichen Geſel¬
schaft

schaft zu denken und zu handeln gewohnt ist. Er glaubte nicht, daß ein glänzender Endzweck einen ungerechten Schritt entschuldigen könne, nicht, daß unter Königen eine andere Rechtschaffenheit gelte, als unter den niedrigsten Erdbewohnern. Wenn man gegen ihn treulose Künste versuchte, so vereitelte er sie durch seine Klugheit. Denn, so sehr er die Staatskünstelei verachtete, so sahe er doch ihre Finsternisse durch. Er vermutete die Ursachen und verkündigte die Folgen mancher dunkeln Begebenheit, noch ehe sie sich ganz entwickelt hatte. Oft ermunterte ein kleiner Vorfall seine ganze Geschäftigkeit, und noch öfter blieb er ruhig, wann nach dem Urtheil des großen und kleinen Pöbels ein Ungewitter aufzog.

Alle

Alle Kräfte, die Europa zerrütten, oder die es beruhigen konten, die Macht und Ohnmacht seiner Völker und Fürsten, hatte Bernstorf durch eine lange Erfahrung zuverläßig zu schäzen und zu vergleichen gelernt.

Das Verdienst eines Staatsmannes ist alsdann ohne Widerspruch entschieden, wann der Hof, dem er dient, auch mit weniger Gewalt, unter den mächtigsten Höfen, eine ehrenvolle Stelle behauptet, wann man seine Wünsche unterstüzt, wann man ihm mit Achtung und Würde begegnet. Dännemark hatte unter Bernstorfs Verwaltung mehr Einfluß, als zu irgend einer Zeit, in die größten Angelegenheiten der Welt. Selbst Staaten suchten seine Freundschaft, die kein natürlich Interesse dazu antreiben konte; des Königs Stimme war ehrwürdig, auch

an

an größeren Thronen; fein Rath wurde nie ohne Achtung gehört und gab öfters zum Wohl fremder Völker den Ausschlag.

In einem bedenklichen Zeitpunkt des Krieges, der vor wenig Jahren Europa verheerte, wählten zwei mächtige Heere Dännemark zum Mitler, um einen Vergleich zu stiften, der damals für den Einen Theil wichtig werden konte, hätten ihn nicht Ferdinands Siege, noch ehe er zu Stande kam, überflüßig gemacht. In den polnischen Unruhen hat das Vorwort dieses Hofes die Rechte der Dissidenten mit erwünschtem Erfolg unterstüzt; und zwei dänische Minister in Würtemberg haben unter den Ständen und ihrem Fürsten eine glückliche Aussöhnung vorbereitet. –

Erster Theil.　　　　B　　　Bern-

Bernſtorf ſtiftete nicht Bündniſſe allein, ſondern Freundſchaften unter Monarchen. Ich nenne die Verbindung zwiſchen Rußland und Dännemark mit dieſem, unter den Großen der Erde ſo ungewöhnlichen, Namen, denn kein anderer drückt ſo bündig die Geſinnungen der unſterblichen Kaiſerin aus, welche über große Geſchäfte des Staats alle Empfindſamkeit ihres menſchenfreundlichen Herzens verbreitet.

So lange Friedrich regierte, war ganz Europa mit Dännemark einig; dies Reich genoß einer ungeſtörten Ruhe. Hätte Friedrich den Ruhm, der Königen ſchmeichelt, Eroberungen mehr als das Glück ſeiner Unterthanen geſchäzt: ſo fehlte es in dem leztern Kriege nicht an Veranlaſſungen und glücklichen Ausſichten. Es war beinahe ſei-

ner

ner Wahl überlaſſen, auf welche Art er die
allgemeine Zerrüttung zu ſeinem Vortheile
nüzen wolte. Trat er gegen Preußen auf
der Verbundenen Seite, ſo gab er vielleicht
der Uebermacht den Ausſchlag, und konte
Belohnungen fordern, die alle Wünſche des
Eigennuzes befriediget haben würden; war
er mehr von der Ehre gereizt, dem Unterdrückten zu Hülfe zu eilen, ſo war auch da
der Preis des Sieges nicht fern; und es iſt
endlich Zeit, riefen ſelbſt Patrioten, daß
Dännemark nach einer langen Ruhe ſich
wieder in den Waffen übe. Ein beſtändiger
Friede entnervt die Nazion, und nur in den
Stürmen des Staats erheben ſich mächtige
Seelen, deren Beiſpiel wieder ein ganzes
Menſchenalter hebt. Aber Friedrich liebte
ſein Volk. Der Gedanke, daß der Tod

vieler

vieler Tausende, eben so viel sanfte Bande der Menschlichkeit trenne, wog in seinem Herzen alle Scheingründe des Ehrgeizes auf. Er strebte nicht nach Verdiensten, die nur ein allgemeines Elend entwickelt; er dachte groß genung, um lieber weniger zu glänzen, als weniger wohlthätig zu sein. Er haßte den Krieg, ich darf es zum Ruhm seines Herzens gestehen; aber ganz Europa war Zeuge, daß er ihn nicht gefürchtet hat. Denn wir sahn ihn einem sieggewohnten Volk entschlossen entgegen eilen, als es darauf ankam, die Ehre seiner Krone zu behaupten, und selbst Bernstorf trat dieser edlen Entschließung mit einer feurigen Thätigkeit bei, so mächtig er auch von dem ganzen Gefühl der bedenklichen Folgen durchdrungen war. Bernstorf hat also seiner

Rei=

Neigung zum Frieden nie größere Pflichten geopfert, und er, der Verdienste ums Vaterland mit einer warmen Empfindlichkeit ehrte, verdient den ungerechten Vorwurf nicht, daß er den Soldatenstand angefeindet habe. Es ist wahr, er unterschied die hohen Pflichten dieses Standes von den Forderungen einzelner Glieder desselben, die, durch Leidenschaften und Vorurtheile verleitet, gleich jeden Hof zum Lager, und jedes Volk zum Heer umschaffen mögten. Er glaubte, daß es Dännemark weniger, als irgend eine andere Macht, nöthig habe, unter einer beständigen Rüstung zu wachen, da es durch Meere, die mit einer ehrwürdigen Flotte bedeckt sind, von fremden Eroberern getrennt wird, da sein Erbrecht durch eine Folge von Jahrhunderten heilig ist, da dieser Staat

nicht

nicht aus Trümmern anderer Staaten be,
steht, die, durch Gewalt unterworfen, auch
durch eine fortgesezte Gewalt behauptet wer=
den müssen.

Bernstorf schlummerte darum nicht bei
nahen und fernen Gesahren; und seine Für=
sorge schränkte sich nicht auf die Zeit seiner
Staatsverwaltung ein, sondern auch für
eine lange Zukunft wolte er Dännemark ei=
ner dauernden Ruhe versichern.

Darum arbeitete er mit immer gleichem
Eifer an einer Vereinbarung mit Rußland,
um den unglücklichen Zwist in Norden, und
die Ansprüche eines Zweiges des holsteini=
schen Hauses auf ewig zu entscheiden. Alle
Hindernisse reizten seinen Fleiß, und er er=
müdete nicht, so oft auch seine Hofnung ei=
nes glücklichen Ausgangs getäuscht ward.

Ein

Ein Vertrag, der angefochtene Rechte bestätigen, die selbstständige Macht von Dännemark erhöhen und einen künftigen Krieg abwenden konte, schien ihm der Triumph seines mühsamen Lebens und die höchste Belohnung einer segnenden Vorsehung zu sein.

Es war nicht in ihrem Rathschluß, daß Bernstorf den Tag sehen sollte, der der schönste seines Lebens gewesen sein würde, an welchem Catharina, die wohlthätigste unter den wenigen Grossen, deren Uebermacht die Erde beglückt, ihrer Zeit und der künftigen Frieden verlieh, als sie, unter Siegen, wohin ihr die Geschichte kaum folgte, im Osten Königreiche zurükgab, im Norden Provinzen austheilte, und alle Zweige ihres Heldenstamms durch ein neues Band der Großmut vereinigte. Aber Bernstorf verdient

dient darum nicht weniger der Nachkommen
Dank. Denn er hat das grosse Geschäft
eingeleitet, und auch bis auf die Erfüllung
der Zusagen vollendet. Der Traktat war
schon bei seinem Leben geschlossen, nur
konte man ihn nicht ohne die gesezmäßige
Beistimmung des rußischen Thronerben und
des Erbprinzen von Dännemark vollziehn,
deren erste Handlung als Fürsten eine Handlung der Großmut und Menschenliebe war,
denn sie opferten willig eigene Vortheile dem
allgemeinen Wohl auf. *)

Bernstorf hat also den Baum gepflan-
zet, gewartet und begossen, der nun ein
gerettetes Menschengeschlecht gegen Stürme
beschüzt und durch seinen Schatten erquickt.

Wär

*) Der Erbprinz Friedrich entsagte der Koadju-
torschaft von Lübeck.

Wär ihm nie ein ander Unternehmen ge=
lungen: so müßte ewig sein Name in der
Geschichte von Dännemark leuchten. Aber
wenn es der wichtigste Dienst dieser Art war;
so war es doch der einzige nicht; denn auch
das Herzogthum Ploen hat er durch Ver=
träge mit der Krone vereinigt.

Das Verdienst eines Ministers in aus=
wärtigen Geschäften bleibt oft, wie die Ge=
schäfte selbst, ein Geheimniß; aber alles,
was er im Staat anordnet, geschieht vor
den Augen der Nazion, und noch heller
stralte hier Bernstorfs Menschensegnende
Tugend; hier kam es unmittelbar auf das
Glück der Unterthanen an, und jede Ver=
fügung trug das Gepräge seines Herzens.
Dennoch verstand er es, so wenig als ir=
gend ein Sterblicher, allen Launen zu

schmei=

schmeicheln, und widersprechende Wünsche
zu vereinigen, und man hat seine Verwal=
tung oft mit aufrichtigem Unverstand, öfter
mit voreiligem Leichtsinne getadelt. Es sei
mir erlaubt, über den allgemeinen Vorwiz,
Minister zu richten, meine Gedanken zu
äussern. Erwägt man es auch genung, was
es sei? eine so verwickelte Einrichtung, als
es jede Staatsverfassung ist, dieses weitläuf=
tige Räderwerk, mit einem Adlerblick durch=
zuschauen, gegen einander würkende Kräfte
zu einer Absicht zu lenken, in dem Ge=
dränge wichtiger Geschäfte nie die Wage des
Rechts, nie den Faden der Ordnung zu ver=
lieren, gerecht ohne Härte, gütig ohne
Schwachheit zu sein, ferne Stürme abzu=
wenden, neue Segensquellen zu öfnen,
Königen zu rathen, Länder zu beglücken?

Alles

Alles das wird, von dem Staatsmanne
gefordert. Aber die Kunst zu regieren ist
nicht auf untrügliche Grundsäze gebaut;
sie besteht aus einer Menge dunkler verwor-
rener Aufgaben, die bei jeder Veränderung
der Zeit und der Umstände anders bestimmt,
anders aufgelöset werden müssen. Selten
läßt sich eine Würkung zuverläßig berechnen;
zuweilen ist es bloß Gefühl des Genies, die
besten Maasregeln zu wählen, oft nur ein
Zufall, wann sie gelingen. Die weisesten
Entwürfe, wenn der Erfolg sie vereitelt,
werden Thorheiten ähnlich. Es giebt keine
Handlung, auch des größten Ministers,
die ein Gleichgültiger nicht zum Fehltritt,
die ein Feind nicht zum Verbrechen deuten
könte; und wären wir auch über allgemeine
Forderungen einig, so kennen wir doch

dießeits

dieſſeits des Vorhangs, alle Hinderniſſe
nicht, die den Staatsmann in ſeiner Thä=
tigkeit feſſeln. Wir wiſſen vielleicht, daß er
von Verhältniſſen abhängt; aber wir ent=
decken nicht alle Gelenke der Kette vom Hofe
herab durch Departementer und Familien;
uns ſind mancherlei Kräfte des Widerſtands
verborgen, die alle nach verſchiedenen Rich=
tungen würken; wir kennen weder die
Schwachheit der Freunde eines Staats=
mannes, noch den Grad des Einfluſſes ſei=
ner Neider. Ja ſelbſt in der Nähe des
Throns, mit allen dieſen Geheimniſſen ver=
traut, ſind wir zum Urtheilen nicht immer
fähig, oder unpartheiiſch genug. Erziehung,
perſönliche Verbindungen, Geſchäfte und
Schickſale des Lebens bilden unſere Art zu
ſehen und zu empfinden. Wir erheben un=

ſere

fere Vortheile zu Maximen, und hiernach
verdammen oder billigen wir. Noch ist ein
Staatsmann glücklich zu preisen, der keinen
Tadel schlimmerer Art, als diesen, erfährt.
Aber es giebt in jedem Staat einen miß-
vergnügten Haufen, der weniger ehrwürdig
ist, der jeden Schritt der Regierung mit einem dumpfen Getöse begleitet, und sich nie
einen Laut des Beifalls erlaubt. Es giebt
furchtsame, kränkliche Seelen, denen alles
landverderblich vorkömmt, was von der
Weise ihrer Väter abweicht. Andere zürnen, daß man ihren Rath nicht begehrt,
daß man ihre Talente nicht auffordert; sie
wollen durchaus im Gedränge bemerkt seyn,
wär es auch nur durch ihre Klagen.

Endlich so herscht zwischen dem Minister
und dem Höfling selten ein gutes Vernehe-
men,

men, weil der Mann, der sich fühlt, dem
Geschöpfe der Gunst nicht huldigt, das sich
zwar um ein Band zu seinen Füssen windet,
aber schnell, auf den neuen Puppenstaat
stolz, sich über seinen engen Ideenkreis auf
bläht, und Geschäfte, die ihm ganz unver=
ständlich sein müssen, mit einer abentheuer=
lichen Dreistigkeit meistert.

… So verächtlich auch manche dieser Ur=
theile sind: so samlen sie sich doch nach und
nach zum Gewimmer, das durch die Nazion
wiederhallt und den Pöbel im Palast und in
der Hütte übertäubt; und nur die klagende
Stimme, nur das Seufzen der Unzufriede=
nen wird gehört, denn der Glückliche schweigt
und glaubt den Erfolg seiner Wünsche sei=
nem eigenen Verdienste schuldig zu sein;
und die größere Zahl ist ein leichtsinniger

Haufe,

Hauſe, der ſich ohne Gründe zum Lob und
ohne Gründe zum Tadel beſtimmt. Darum
hat, ſo ſelten ein verdienſtvoller Mann bey
ſeinem Leben des Dankes genoſſen, der ſei=
ner Tugend gebührte; darum wurden Col=
bert und Sully gehaßt, mitten unter der
Arbeit ihrer ewigen Thaten. Auch Bern=
ſtorf entrann dieſem Schickſal nicht immer.
Ich behaupte ſeine Unfehlbarkeit nicht; aber
man ſollte groſſe Männer mit mehr Be=
ſcheidenheit richten, deren Einſicht und Tu=
gend unſere Ehrfurcht verdient, und deren
Irrthümer auſſer unſerm Augkreiſe liegen.

Unter den Vorwürfen, welche man
Bernſtorf gemacht hat, iſt jedoch einer, der
eine nähere Betrachtung verdient; denn
auch Redliche haben ihn oft wiederholt, und
er ſchallt noch zuweilen um ſein Grab. Er

hat

hat nemlich, wie man behauptet, alle Arten der angenehmen Emſigkeit, alle Künſte des Geſchmacks und des verfeinerten Lebens, über das Vermögen des Landes, ermuntert; er hat in Dännemark die Ueppigkeit eingeführt, ſie begünſtiget und ausgebreitet.

Die Beſchuldigung hat unter dem nördlichen Himmel immer ein patriotiſches Anſehen. Die Natur feſſelt Menſchen und Sitten an das innere Vermögen ihrer Erde, und dieſe hat dem däniſchen Volke nicht Gold, ſondern Eiſen verliehen. Ihre Väter entbehrten der Erfindungen unſerer Zeit, der Wollüſte ſüdlicher Sklaven; dahingegen waren ſie tapfer und ſtark. Ihre Kleidung und Speiſe war die Beute ihrer Jagd, und ſie ſegelten unter Stürmen immer neuen Siegen entgegen.

Aber

Aber die Welt ist der Welt unserer Väter nicht mehr ähnlich. Damals war kriegerische Tugend das einzige Verdienst der Nazionen. Die nordliche Halbkugel war von keiner Wissenschaft erleuchtet, und gegen einzele grosse Thaten, die darum heller glänzten, weil sie im Finstern erschienen, war die Erde mit Lastern und Verwüstung bedeckt; ein Zustand, der unsern Neid nicht verdient.

Wär indessen noch jezt ein Land von allen andern durch unwegsame Grenzen abgesondert; hätten seine Bewohner nie die Lüste fremder Völker gekostet und nie, mit neuen Kenntnissen, auch neue Begierden erworben: so hätte freilich kein Luxus der erleuchteten oder verdorbenen Völker ihre Hütten erreicht; und die Frage mag den Wiz eines Sofisten beschäftigen, ob ein solches Volk nicht glücklicher, als ein gesittetes, sei?

Aber sobald der Sofist vergleicht und empfindet: so söhnt er sich wieder mit der allgemeinen Vernunft aus. Ihm grauet alsdann vor dem Ideal seiner Welt, das noch in mancher Insel des Südmeers übrig ist, wo Geschöpfe, wie Menschen gestaltet, keine andere als thierische Bedürfnisse fühlen, und wann diese befriedigt sind, nicht aus ihrer Felsenkluft kriechen. Alle Kräfte des gesellschaftlichen Lebens haben sich schon lange vereinigt, um ein so dürftiges Glück von der veredelten Erde zu treiben. Die Neugier, das Verlangen nach Reichthum und Ruhm, die Wissenschaften und der Handel haben unter fernen Nazionen einen vertraulichen Umgang gestiftet, und Erfindun-

gen,

gen, Bequemlichkeiten, Neigungen und
Sitten in einen allgemeinen Umlauf gesezt.
Ein Volk unterrichtet das andere und zün-
det seinen Wetteifer an; einigen verleiht die
Natur ohne Mühe, was andern ihr Fleiß
nur sparsam gewährt; alle streben nach dem
Grade der Glückseligkeit, den die Vorsicht
wenigen zugetheilt hat.

So bildet sich endlich, langsamer oder
schneller, der Geist aller Völker; der Strom
rauscht unaufhaltsam daher und droht nicht
immer mit Verwüstung, sondern kündigt
Fruchtbarkeit an, wenn ihn nur ein kluger
Staatsmann in die rechten Kanäle zu lei-
ten versteht, wenn er die Neigung zum
Vergnügen, diese Urkraft alles menschlichen
Bestrebens, zur Triebfeder eines nüzlichen
Fleißes anwendet, wenn er ein ermunter-

tes Volk dahin leitet, daß es sich aus den
Fesseln fremder Thätigkeit reißt, und selbst
seines Glückes Schöpfer wird.

Der Luxus, der dadurch veranlasset oder
genährt wird, ist kein Uebel, sondern die
höchste Gesundheit des Staats, dessen Nerven ihre äußerste Federkraft üben. Alsdann
stockt der Nahrungssaft nirgends, keine
Materie bleibt unnütz, weder Kinder noch
Greise sind müßig, der Geschmack reift, der
Verstand klärt sich auf, die Künste veredeln
die Natur, die Wissenschaften mildern die
Sitten, die Menschlichkeit und der Dul-
dungsgeist gehn aus den Zimmern der Welt-
weisen hervor und nähern sich dem Thron,
das Land wird verschönert, der Einwohner
erleuchtet.

Frei-

Freilich droht auch mitten im Wohlstand
ein künftig Verderben: je mehr ein Volk
seine Begierden und ihre Befriedigung verfeinert, je mehr es im Frevel des Wizes
und im Kennergeschmack sinlicher Freuden
zunimt; je mehr verliert es an Würde der
Sitten, an Stärke der Seelen, und je
schneller eilt es dem Untergange zu: aber
man kämpft umsonst gegen das Schicksal aller Staaten, welche die Vorsehung, wie die
ganze Natur, durch ähnliche Perioden, von
der Blüte zur Reise, von dieser zum Verwelken und Abfallen führt, und endlich, zur
Nahrung einer neuen Entwickelung, im allgemeinen Chaos begräbt.

Nur fragt man, ob wir nicht berechtiget
sind, von der Weisheit der Regierung Mittel zu erwarten, um eine so traurige Epoke

zu entfernen? und ob es in ihrer Macht
nicht steht, der Ueppigkeit Gränzen zu sezen,
wenn sie auch ihrem Einbruch nicht wehren
kan? Allerdings. Damit aber keine nüzliche Verfeinerung, kein zuläßiger Genuß
aus kleinmütiger Furcht ungewisser schädlicher Folgen zugleich mit verdrängt werde,
komt es vorläufig auf die schwere Bestim-
mung an, was schädlicher Luxus sei? Ein
Begriff, der in verschiedenen Zeiten und
Staaten, nicht ein Menschenalter durch,
der nämliche bleibt. Unsre Väter fanden eine
Pracht unter Fürsten gefährlich, die nun ohne
Nachtheil des Staats zum Bürger herabgesunken ist. Ein Einwohner von London
und Paris findet in keiner nordischen Hauptstadt ein üppiges Leben; auch ist es ungewiß, welchen Grad des Wohllebens sich endlich

lich selbst ein von der Natur wenig begün=
stigtes Volk erlauben darf, wenn alle seine
Kräfte zweckmäßig arbeiten.

Ein Staatsmann verfehlt zuverläßig
den Endzweck, wenn er allzustreng gegen
einzele Beispiele der Ueppigkeit eifert, de=
ren Würkung im Ganzen vielleicht unmerk=
lich ist: aber das Buch der Nazion mit al=
len handelnden Völkern muß offen vor ihm
liegen, er muß ihr Vermögen gegen den
Reichthum andrer zu berechnen, er muß rich=
tig zu beurtheilen verstehn, was ihr, unter
verschiedenen Zeiten und Umständen, ver=
gönnt werden kan, und was ihr versagt
bleiben muß. *)

C 4   Und

*) Wiewohl auch diese Künstelei vielleicht nur
   als Wehrmittel nothwendig ist; so lange die
                              Hand=

Und so hat auch Bernstorf Geseze gegen ein so gefürchtetes Uebel veranlaßt. Man hat fremde Waaren und Erfindungen der Ueppigkeit entweder ganz untersagt, oder doch mit hohen Abgaben beschwert, und dadurch der Verschwendung des Staats im allgemeinen gesteuert; aber der eifrige Patriot ist damit noch nicht zufrieden. Er fordert Prachtgeseze; er verlangt nichts geringers, als

Handlungspolizei und Staatsökonomie der reichsten Nazionen ausschließenden neidischen Grundsäzen folgt, und sich gegen das Eindringen fremder Thätigkeit durch eine Menge verwickelter Geseze verschanzt, so müssen andere nachahmen, um nicht allzu abhängig zu werden. Es dürfte wohl nicht schlimmer in der Welt aussehn, wenn mehr allgemeine Freiheit im Handel herschte, denn alsdann würden nur Fleiß und Geschick den Vorzug bestimmen.

als über die Sitten zu herschen; die Kleidbung, die Wohnung, die Lebensart des Volks soll durch Verordnungen eingerichtet werden.

Wenn eine solche Enthaltsamkeit kleinen Republiken heilsam ist, die nur durch eine strenge Sparsamkeit dauern: so folgt ein größerer Staat billig andern Grundsäzen; und eine ganze Nazion kan nicht wie ein Haufen Mönche behandelt werden, oder man meidet ein Land, wo so mancher Genuß unerlaubt ist, den keine Tugend mißbilligt, und wo auch ein unschuldig Vergnügen den Eigensinn der Geseze fürchten muß.

Gegen alle Verordnungen dieser Art hat sich immer Bernstorf erklärt. Auf dem mühseligen Pfad dieses Lebens sind wir schon unter so viel erkünstelte Pflichten gebeugt, daß

C 5   ein

ein solcher Zwang unerträglich werden würde.
Wo ist noch ein Schatten von Freiheit, wenn
auch in unsern Hütten und bei unserm häuslichen Mahl ein Strafgesez droht, wenn
auch da die Sklavenfessel klirrt?

Dafür gab er, wie sein König, ein Beispiel, das mächtiger auf die Sitten des Volkes würkt, als Vorschriften. Friedrich der
fünfte lebte an seinem Hofe nicht prächtig,
und Bernstorf hat durch seinen Wandel gezeigt, daß sich die Neigung zum angenehmen
Leben auch mit der reinsten Tugend vertrage.
Er hat den Luxus befördert, in so fern er
Dännemark glücklich machte, doch war es
nicht Endzweck, sondern Folge, die von einem größern Wohlstand und einer geläuter-
ten Empfindung des Schönen unmöglich getrennt werden kan.

Auch

Auch ein Patriot und ein Weiser darf wünschen, daß ein solcher Luxus noch mehr zunehmen möge; denn bis jezt ist er allein in die Mauern der Hauptstadt eingeschränkt, wo Ehrgeiz, Rangsucht und Begierde zu glänzen zu einer Prachtliebe reizen, die selten würklichen Reichthum anzeigt.

Nur um innerlichen allgemeinen Wohlstand durch eine größere Thätigkeit auszubreiten, sezte Bernstorf alle Kräfte der Nazion in Bewegung. Darum hat er verjährten Vorurtheilen getrozt und dem Dank seiner Zeitgenossen entsagt; darum rief er Fremde nach Dännemark, und belohnte ihre Talente mit Großmut. Wer diese Handlungsart tadelt, überlegt nicht, daß eine allzufrühe Selbstgenügsamkeit, wie der Aberglaube, an die Mittelmäßigkeit fesselt; daß

es einerlei ist, ob man die Künste des Ke-
zers verabscheut, oder die Erfindungen des
Fremden verachtet; daß ein kluges Volk
Weisheit holt, wo man sie findet, und sich
nicht schämt zu lernen, wenn es den Mut
fühlt, seine Lehrer zu erreichen.*)

Ich kann einräumen, daß Bernstorf sich
oft in manchen seiner Entwürfe in der Ausführung irrte; daß ihn zuweilen Betrüger
hintergingen, weil er gern an die Redlichkeit
glaubte; daß er, voll von dem Gedanken
eines nüzlichen Anschlags, Besorgnissen weniger als Hofnungen nachhing, und nicht
immer Schwierigkeiten strenge genung erwog;

*) Darum sind auch in der Indigenatsverord-
nung Lehrer und Künstler ausgenommen, und
der König hat sich, bei wichtigen Fällen, noch
andere Ausnahmen vorbehalten.

wog; daß er, um ein gutes Werk mit Nachdruck zu befördern, oft freigebiger, als sparsam, mit den Mitteln des Staats war. Ich
gebe zu, daß ihm der levantische Handel,
die afrikanische Kompagnie,*) und manche
Fabriken mißglückten; aber der Werth allgemeiner Anstalten wird nicht durch das
Schicksal einzeler Versuche, sondern durch
ihre Würkung im Ganzen, entschieden. Es
kömt nicht darauf an, ob sie sämtlich gelingen, sondern ob ihr Endzweck die Wohl-
fahrt des Staats war? ob sie mit den Fähigkeiten der Nazion übereinstimten? ob
die Thätigkeit derselben in dem Gleise ermuntert wurde, den ihr die Natur vorgezeichnet hat? Das nur ist die Frage des
Weisen;

*) Die er nur fortgesezt, nicht eingerichtet
hat.

Weisen, und hierüber allein muß sich Bernstorf verantworten.

Bei Unternehmungen, die erst in Jahrhunderten reifen, darf man nicht gleich
Früchte begehren, nicht gleich Einkünfte fordern. Erst die Nachwelt wiegt mißlungene
Versuche gegen die Folgen der glücklichen ab,
und wer für die Ewigkeit arbeitet, kan nicht
mit seinen Zeitgenossen rechnen.

Für die nordischen Völker sind Gewerbe
zur See ein Beruf der Natur, denn sie sind
von Jugend auf mit ihren Gefahren vertraut; darum begünstigte Bernstorf jeden
wahrscheinlichen Entwurf, die Schiffahrt auszubreiten; darum hat er den Handel, der die
Schiffahrt nährt und belohnt, in allen Gegen-
den der Erde versucht. Er erlebte die Freude, daß Dännemark seine Geschäfte immer
mehr

mehr unmittelbar trieb, und sich aus der
Gewalt eigennüziger Unterhändler riß. Es
hörte zu seiner Zeit auf, den Hanseestädten
zinsbar zu seyn; es holt nun seine Bedürf-
nisse selbst aus allen Häfen der Welt, und
Norwegen führt seinen Ueberfluß auf eignen
Schiffen fremden Käufern zu. Auch die
Frachtschiffahrt nahm unter seiner Verwal-
tung durch seine Aufmunterung zu. Die
dänischen Seefahrer hatten sich im lezteren
Kriege das Vertrauen aller Völker erworben.
Sie unterhielten, unter dem Schuz der
Neutralität, die zerrissenen Bande der
Menschlichkeit, und brachten dem Vaterlan-
de jährlich nicht viel weniger als eine Mil-
lion fremden Geldes, und zur See geübte
Landeskinder zurück. Diese Schiffahrt wür-
de belohnender sein, wenn sie ohne die Freund-

schaft

schaft der Barbaren möglich wäre, die schon zu lange eine ruhmlose Handlungseifersucht gegen die vernünftige Rache aller Völker geschüzt hat.

Kein Zweig des Fleißes hat sich schneller in dieser Zeit ausgebreitet, als der westindische Handel. Die dänischen Inseln dieses Welttheils schmachteten unter der auszehrenden Gewalt einer Kompagnie, die gemeiniglich ihre Kolonien wie eroberte Länder behandelt, und sich mit keiner Ernte begnügt, sondern Beute verlangt. Der Zuckerbau gieng langsam von statten, und der größte Theil dieser freigebigen Erde lag unbevölkert und öde, als Friedrich der fünfte sich zur königlichen Handlung ohne Beispiel entschloß, der Gesellschaft ihr ausschließendes Recht abzukaufen und seinen Unterthanen die Freiheit dieses

ſes Handels zu verleihen. Nun erwachten
die verſchloßnen Kräfte der Natur; die Freiheit goß ein neues Leben in die Geſchäftig-
keit der Koloniſten und der Kaufleute des
mütterlichen Landes. · Der Anbau und die
Ausfuhr nahmen verhältnißmäßig zu. Von
vier mit Zucker beladenen Schiffen, die man
jährlich in Dännemark einlaufen ſah, iſt
die Anzahl bis auf funfzig geſtiegen; anſtatt daß ſonſt kaum die Hauptſtadt verſorgt
war, verſieht ſie nun ſchon mit ihrem Ueberfluß manche Handelsſtädte des baltiſchen
Meers.

Auf Manufakturen wandte Bernſtorf
zwar eine unermüdete Aufmerkſamkeit, aber
mit abwechſelndem Glücke; denn es iſt ein
undankbares Unternehmen gegen den Ruf
geübter Fabriken zu kämpfen, oder es müſſen

Erſter Theil.　　　　D　　　　ſie.

sie mächtige Revoluzionen aus einem Lande in das andre drängen. England und Deutschland sind ihre besten Fabriken den französischen und spanischen Verfolgungen schuldig. Ein glücklicher und geachteter Künstler verläßt sein Vaterland nicht, und dürftige Ueberläufer verdienen selten, daß sie ein ander Land aufnimt, oder Auslagen mit ihnen auf ein ungewisses Spiel sezt.

Wenn nun auch die erste Materie mangelt, wenn das Land weder Meister noch Werkzeuge liefert, und sich der ganze Gewinst auf Arbeitslohn einschränkt, alsdann ist der Endzweck nicht wichtig genung, und die Natur scheint dem Lande diese Gattung des Fleißes untersagt zu haben.

Dennoch hat Bernstorf einige dieser Hindernisse glücklich überwunden. Manche Manufak-

:nufakturen haben ſich), an innern Werth und äuſſerer Schönheit, den fremden genähert; wenigſtens iſt ein Saame ausgeſtreut, der zu künftigem Segen reifen kan.

Alle Fabriken wären, glaubt man, beſſer gelungen, hätte man ſie nicht in der Hauptſtadt angelegt, wo die Bedürfniſſe des Lebens allzu theuer ſind; aber man ſollte ſich aus der Geſchichte belehren, daß Manufakturen, ſobald ſie Geſchmack und Schönheit erfordern, immer in groſſen Städten entſtanden ſind. Da nur iſt Wetteifer, Lob des Kenners und Belohnung der Reichen. Wenn nun gar die Regierung die Koſten allein trägt; wenn ſie den Fabrikanten durch Preiſe, durch ausſchlieſſende Rechte und Vorſchüſſe begünſtigt: ſo muß es unter ihren Augen geſchehn. In einem mit Waſ-

ſer

ser umflossenen Lande, deffen Küsten nicht
alle bewacht werden können, ist es leicht,
fremde Arbeit einzubringen, sie für Pro=
dukte einer inländischen Manufaktur auszu=
geben und derselben unverdiente Befreiun=
gen und Preise zuzueignen, noch leichter, im
unbeobachteten Müßiggang den Vorschuß
des Staats zu verschwenden. · Anders ver=
hält es sich freilich mit Manufakturen, die
sich von selbst in einem unfruchtbaren, aber
stark bevölkerten Lande bilden; alsdann wird
die Armut die Mutter eines erfinderischen
Fleisses, der besser als die weisesten Anstal=
ten gelingt und sich selten von seinem Ge=
burtsort entfernt. Aber der Ackerbau, die
Fischerei und die Schiffahrt können noch
keine Hände in Dännemark entbehren. Je=
des Volk wendet sich in der Ordnung der

Dinge

Dinge nur dann erſt zur künſtlichen Indu-
ſtrie, wann die Natur ihre Wohlthaten wei-
gert. So lang es noch ſeine Nahrung der
Erde und dem Meer abgewint, läßt es ſich
nicht an den Weberſtul feſſeln, ſondern zieht
einen mit Freiheit und Geſundheit verbundenen Beruf einer kränklichen und einförmi-
gen Lebensart vor.

Die Künſte fanden in Bernſtorf einen
Beſchützer, die Wiſſenſchaften einen Kenner
und Belohner. Sie wandeln immer Hand
in Hand und veredeln den Genuß und das
Glück unſers Lebens. Er verband um ihren Flor zu befördern, ſeine Bemühung mit
dem Eifer des Staatsmannes, den ſein König wie einen Freund geliebt hat, und der *)
(die Mißgunſt leugnet es nicht) ſeine Macht

D 3 nur

*) Der Graf von Moltke.

nur um wohl zu thun übte. Der Einigkeit
dieser beiden Minister hat die Nazion den
schnellen Fortgang ihres Geschmacks zu ver=
danken. Die Akademie der Künste, eine
Einrichtung zur Ausbreitung der natürlichen
Geschichte, und die botanischen Anstalten
wurden gestiftet. Saly und Chardin wur=
den königlich belohnt, sie, die ganz von dem
Geiste des Alterthums genährt, auch in der
schönsten Zeit von Italien geglänzt haben
würden. Ihr Unterricht hat würdige Schü=
ler gebildet, und ihre Werke lehren die Nach=
kommenschaft.

Klopstock und Cramer und von Berger,
der Arzt, oder nenn' ich ihn lieber mit ei=
nem mir viel theurern Namen Berger, der
Freund aller leidenden Menschen, wurden
sämtlich durch Bernstorf gerufen, von ihm
geliebt

geliebt und durch seinen König belohnt. Niebuhr ward durch seinen Schuz aufgemuntert, den Verlust seiner unglücklichen Reisegefährten durch sein bescheidenes Werk zu ersezen. Auch wichtige Unternehmungen auswärtiger Gelehrten hat Bernstorf unterstüzt, denn die Sache der Wissenschaften ist ein allgemeines Geschäft der Menschlichkeit. Er unterhielt mit den berühmtesten einen beständigen Briefwechsel, und schritt mit den Kenntnissen seines Zeitalters fort. Unter dem Gedränge seiner täglichen Pflichten gewann er Zeit, wichtige Werke mit der Aufmerksamkeit eines Kunstrichters zu lesen. So hat er Klopstocks Hermann, noch eh' er gedruckt ward, geprüft, und Schlegels Geschichte der Könige des oldenburgischen Hauses im Ma-

D 4   nuscript

nuscript mit eigenhändigen Anmerkungen begleitet.

Auch der Lieblingsgedanke unsers Jahrhunderts, die Verbesserung der Schulen, war
eine Angelegenheit seines Herzens; aber
dies ist nicht die Arbeit nur Einer Regierung,
nicht Eines Jahrhunderts, und es scheint
nicht, daß ein völliger Umsturz vorhandener
Verfassungen das Geschäft erleichtert. Jede
Verbesserung der gesellschaftlichen Ordnung
schreitet nicht durch Sprünge, sondern stu-
fenweise fort, und kämpft lange mit den
Vorurtheilen und den Umständen der Zeit.
Durch Statuten wird etwas, aber wenig,
gefördert; denn wer kan Weisheit und Tugend verordnen? Es ist nicht genung, Lehrer zu erleuchten, auch die Eltern müßten
erst mehr aufgeklärt sein, damit nicht der

häus-

häusliche Eindruck die Würkung des Schul-
unterrichts schwäche, damit nicht eine Kraft
die andere zerstöre. Bernstorf that wenigstens einzele Schritte und bereitete gröffere
Entwürfe vor, deren Ausführung einer
künftigen Welt vorbehalten bleibt.

Noch war er mit einem Geschäfte beladen, das selten der Mächtige wählt, und
das ihm gewiß der Neid nicht mißgönnte,
ich meine die Aufsicht über die Versorgung
der Armen. Ihre Seufzer dringen nicht in
die Paläste der Großen, oder diese wenden
ihr beleidigtes Ohr weg. In Hospitälern,
die oft mehr der Ehrgeiz, als das Mitleiden
stiftet, wohnt ein glänzendes Elend; stolze
Aufseher schwelgen, und die eingesezten Erben verschmachten. Aber das Hospital, welches Friedrich stiftete, und Bernstorf und

Verge-

Berger eingerichtet haben, befriedigt die
Wünsche des Menschenfreundes; Kranke
werden daselbst mit einer so wohl geleiteten
Sorgfalt verpflegt, daß Begüterte von allen
Ständen die Wartung dieses Hauses der
Pflege ihrer eigenen Familie vorziehn. Hier-
mit ist eine Anstalt zur unentgeltlichen Ge-
burtshülfe verbunden, welche die Fehltritte
der Menschlichkeit verbirgt, und dem Staat
manchen tüchtigen Bürger erhält. Auch das
Erziehungshaus in Christiashaven, das
dem Unterricht dürftiger Knaben in bürgerlichen Kentnissen gewidmet ist, war in Königs Friedrichs Regierung eingerichtet, und
Christian der Siebende hat alle diese wohlthätigen Anstalten durch das allgemeine
Hospital unter Bernstorfs Verwaltung vermehrt.

Ich

Ich könte nächst nach den königlichen
Wohlthaten Bernstorfs eigne Freigebigkeit
rühmen, denn er theilte mehr als seinen
Ueberfluß aus; aber ich will die Geheimnisse
der Menschenliebe nicht verrathen, die er
sorgfältig dem Auge der Welt, und nicht selt.
ten dem geretteten Elenden, verbarg. Es
ist auch kein Beispiel, das zur Nachahmung
reizt, wenn ich anführte, daß ein Viertel
seiner Amtseinkünfte, das Erbtheil der Dürftigen war. Ihre Thränen flossen, als er
Dännemark verließ, ihre vielvermögende
Thränen vor Gott.

Die bürgerliche Verfassung der deutschen
Provinzen war insbesondere Bernstorfs Aufsicht anvertraut, und daselbst wird noch lange sein Angedenken blühn; alle Stände
segnen seine Verwaltung; die Kirche verdankt

dankt ihm Ansehen und Schuz, die Gerichte weise Geseze, die Unterthanen ein zufriednes Leben.

Er verlangte, daß die herschende Religion in ihrer Reinigkeit gelehrt werden sollte, weil Vernünftelei und Polemik den grossen Haufen nicht bessert; aber darum war er keinen Zweiflern gehäßig, nicht gegen ihre Verdienste unempfindlich. Es fiel seinem Herzen nicht schwer, Orthodoxen und Irrende zu ehren, den erleuchteten Cramer zu lieben und den redlichen Basedow zu schäzen, die aufrichtigen Anhänger aller Religionen als seine Brüder zu ertragen.

Bei Besezung geistlicher Aemter zog er immer den Mann von unsträflichem Wandel, der durch sein Beispiel zur Nachahmung reizt, dem grössern Gelehrten vor;

und

und von den Gerichten forderte er Recht,
wie solches der Menschenfreund austheilt,
der niemals vergißt, daß sein Amt nicht die
Geissel, sondern der Trost unsers Lebens
sein sollte, und der, wann er straft, mit
den Thränen des Verurtheilten die seinigen
mischt. Jeder Spruch in bürgerlichen Fällen war ihm heilig. Er verschloß zwar keiner Bitte den Zugang zum Thron, und oft
drang sich eine unbescheidene durch, vielleicht
ward auch zuweilen seine Einsicht getäuscht;
aber immer blieb es sein unveränderlicher
Grundsaz, daß ein Minister kein Gesezer-
klärer sein müsse. Was ein Kollegium red-
licher Männer gemeinschaftlich durchgeforscht
hat, wird selten ein einzeler Mann, auch
mit vorzüglichen Gaben, aber durch grössere
Geschäfte zerstreut, gedultiger, gründlicher

prüfen,

müfen, billiger, und gerechter entscheiden;
und sobald man Urtheile durch Machtsprü-
che ändert, so sind Freiheit und Eigenthum,
die ersten Rechte des Bürgers, dem Einfluß
der Gewalt oder der Gunst unterworfen.

In Bernstorfs Zeit ist eine Menge heil-
samer Verordnungen erschienen. Einige sezen
dem verwüstenden Gang der Schikane engere
Schranken, ohne daß jedoch diese Hyder des
Unglücks, die in allen ihren abgehauenen
Enden wieder auflebt, ganz gebändigt werden konte; andere haben die gerichtlichen
Eide vermindert, und sie dadurch ehrwürdiger gemacht; eine hat dem mannichfaltigen
Betrug der Gewinsucht im Handel gesteuert,
und mit scharfsinniger Billigkeit in beiden
Königreichen einerlei Maaß und Gewicht
eingeführt; eine andere, unter dem Namen

der

ter Hebammenordnung, hat gefährliche Miß-
bräuche ausgerottet, und das Verfahren der
Wehmütter der Aufsicht vernünftiger Aerzte
unterworfen.

Die Heerstraßen in Seeland, welche
denen in Frankreich und England nicht an
Pracht und Bequemlichkeit weichen, und die
Postanstalten in Holstein ist man nicht weniger Bernstorfs Vorschlägen schuldig. Jeder Gedanke nüzlich zu sein war seinem Herzen willkommen. Ich sondre aus der Menge seiner weisen Anstalten nur diejenigen
aus, die durch ihren Einfluß auf die Verfassung des Staats auch der Folgezeit merkwürdig bleiben. An den meisten Verfügun-
gen in den deutschen Provinzen hat der Kon-
ferenzrath Carstens, *) ein aufgeklärter

Men-

*) Jezt Geheimer Rath und Direkter der deut-
schen Kanzlei.

Menschenfreund, Theil, deſſen Tugend die
Belohnung verdient, in Bernſtorfs Geſchichte zu glänzen.

Bernſtorf wurde in allen Fächern ſeiner
Arbeit durch würdige Gehülfen unterſtüzt.
Er ſah mit kaltem Blick über den Haufen
der Gnadenbetler weg, die in den Vorzim-
mern der Mächtigen kriechen, und ſuchte
ihn auf im Gedränge, und drang tief in
den Mann, den er zum Dienſt des Staats
fähig glaubte, und es gelang ihm, ein aufkeimendes Genie, noch eh es glänzte, zu
entdecken. Auch unter guten Miniſtern
ſchmachtet mancher würdige Mann unge-
braucht, blos weil er mißfällt; andre dringen ihrem Fürſten eine elende Schaar ihrer
Günſtlinge auf, die dem Fluch der Nazion
Troz bieten und die Ernte der Tugend ver-
zehren;

zehren; Bernstorf war über diese Launen
erhaben. Redlichkeit und Wissenschaft seß
selten immer, aber auch allein, seine Gunst;
Verdienst entwickelte sich schnell unter seiner
Aufsicht; sein Beispiel reizte zur Nachfolge,
seine Weisheit leitete sie. Aber er theilte mit
seinen Untergebenen freigebiger den Ruhm,
als die Arbeit, und ließ sich mit sanfter
Würde herab. Immer blieb er der grössere
Mann, aber niemand fühlte sich an seiner
Seite erniedrigt. Er verstand es, Aufträge
in Geschäften, in die Sprache des Umgangs;
Verweise in einen freundschaftlichen Rath,
und verdienten Tadel in Zweifel zu kleiden.
Wenn er Fleiß und Treue geprüft hatte: so
vergaß er menschliche Fehler, ohne sie neugierig hervorzuziehn, ohne den Irrenden zu
beschämen; denn ein würklich grosser Mann

Erster Theil.   E   ist

ist immer zur allgemeinen Nachsicht gestimmt.

Der Adel war ihm ein ehrenvoller
Stand, der den Thron eines Monarchen
verherlicht. Er vermutete gern erbliche Tugend bei den Nachkommen berühmter Vorfahren, und er gab ihnen früh Gelegenheit,
die Ansprüche ihrer Geburt zu erfüllen; aber
er verlangte Proben eines feurigen Eifers,
des grossen Namens würdig zu sein, der,
wann er die Verdienste des Enkels umstralt,
gewiß auch kein schwächeres Licht über seine
Fehler verbreitet. Noch ehrwürdiger schien
ihm der Mann, der durch rühmliche Thaten der erste eines dunkeln Geschlechts war,
der allein, ohne Reize der Geburt und des
Beispiels, die hohe Bahn der Tugend ging,
der, nach unbekanten Vorfahren, grossen

.Nach-

Nachkommen die Laufbahn zur Unsterblichkeit öfnete.

Es war Wolluſt, unter Bernſtorf zu
dienen. Alle Pflichten wurden zu Empfindungen, und er vergalt Verdienſte, wie er
ſelbſt belohnt zu ſein wünſchte, wie er es
war, durch Vertrauen und Zärtlichkeit, nicht
durch eine gemißbrauchte Gnade des Königs.
Reichthum iſt der Günſtlinge Lohn; aber
Achtung und Nachkommendank gebührt der
Tugend allein. Wer ihn liebte, dachte edel
genung, den langſamen Weg des Verdien-
ſtes ohne Murren zu wandeln und dem Beiſpiel zu folgen, welches ſein eigner Neffe
gegeben hat.

Er, der Freund ſeines Herzens, der
ihm in allen ſeinen Aemtern, ſo wie in jeder Tugend, gefolgt iſt, ſtieg nur durch Ar-

beit

beit zur Würde; und hat im Staat keine
Stelle bekleidet, die ihm Patrioten miß-
gönnten, oder wozu ihn nicht Fleiß und Talente berechtigt hätten.

So dachte, so handelte Bernstorf. Dännemark hat seine Grundsäze geprüft; die
Welt hat ihn handeln gesehn. Ich darf mich
auf die Stimme des Redlichen berufen; ein
grosser Name umstralt den Wandel des Mannes, ein ganzes Volk wird zu Angebern
und Richtern. Bernstorf darf ihr Urtheil
nicht scheuen, er, der nicht sein öffentliches
Leben allein, sondern jeden einsamen Augenblick desselben dem Auge Gottes ohne
Furcht unterwarf; denn die Religion hatte
seine Tugend veredelt, sie hat ihn durch
die glänzende Gefahren der Macht, und
auch die Stufen herab, freundschaftlich geleitet,

tet, sie hat ihm Demut im Glück, und Mut im Unglück verliehen. ‥

Sie allein hat ihn zum Patrioten ge= macht, der den seltnen Namen alsdann nur verdient, wann er Neigungen, Leidenschaf= ten, alle Wünsche seines Herzens dem groß fen Wohl aufopfert, wann er sich vergißt, und nur immer lebhaft das Verhältniß denkt, in welches er eingeschaltet ist, wann er un= erschrocken in den Abgrund blickt, an wel= chen ihn die Vorsehung stellt, und gelassen ins Gewitter, das über seinem Haupte droht.

Darum zitterte Bernstorf in keinen Ge= fahren, darum ermüdeten ihn weder Undank noch Kaltsinn, darum war er zufrieden, wann das Gute geschah, und gönnte an= dern den Ruhm und die Belohnung, darum vergaß er Beleidigungen, und rächte sie nie,

und

und nur Feinde des Staats waren diejeni=
gen, darum gewann er es über die Mensch=
lichkeit, auch seine Verfolger zu belohnen,
ihre Verdienste ums Vaterland zu ehren und
ihre Talente dem König zu empfehlen. Noch
leben die Männer, und wenn sie auch Bern=
storf nicht liebten: so sind sie doch redlich
genung, die Wahrheit dieses Zeugnisses ein=
zugestehn.

Ich folge nun Bernstorf in die Stille des
häuslichen Lebens, wo ein Mensch den andern
nur durch innern Werth, nur durch eigne Tu=
gend übertrift, wo kein Glanz der Würde mehr
blendet, wiewohl auch diese nur einen Augen=
blick täuscht; denn ein Staatsmann kan auf
seinem hohen Standort seine Sitten, seine
Schwachheiten, nicht lange verbergen. Bern=
storfs Tugend war strenge und auf unver=

änder=

änberliche Grundsäze gebaut, aber nicht in
den stoischen Ernst gehüllt, der alles Ver
gnügen wegscheucht, sondern sie vertrug sich
mit den Freuden des geselschaftlichen Lebens.
Man vermutet zwar die Gabe zu gefallen
bei dem Mann der grossen Welt; er lebt im
mer unter Menschen, deren Meinung ihm
nicht gleichgültig sein kan, und ist geübt;
auf die kleinsten Ansprüche der Geselschaft;
auf die Forderungen jedes Augenblicks zu
merken; es ist auch selten ohne dies Talent
ein Minister groß und mächtig geworden:
aber es erhält sich nicht lange, wann er
ein Arbeiter ist, und den Staatsangelegen
heiten selbst vorsteht; sein Geist wird zu
sehr an wichtige Gegenstände geheftet, als
daß er sich zu den kleinen Aufmerksamkeiten
des Umgangs herablassen sollte. Daher

E 4   rührt

rührt der feierliche Ernst, die finstre, einge-
wickelte Miene, die man keinem Minister
verzeiht und die allerdings eine billigere
Nachsicht verdient. Auch Bernstorf gefiel
nicht beim ersten Anblick, denn sein Auge
war umwölkt, und es saß Tiefsinn auf seiner Stirne: aber so wie man ihm näher
trat, drang die Seele mächtig in jeden Zug
seines Angesichts, heiße Menschenliebe glühte
im Auge und heitre Leutseligkeit verjüngte
den Zug seines Mundes; man hielt ihn bald
für einen gütigen Mann, und er hatte kaum
zu reden angefangen, für einen grossen
glänzenden Mann. Seine Beredsamkeit
floß wie ein sanfter Strom, und bahnte
sich Wege durch Felsen; er nahm ein, überredete, überwältigte, je nachdem es ihm gefiel; der Ausdruck schmiegte sich dem Endzweck,

weck, das Wort der Sache fest an; sein
Gegenstand war mit Wahrheit umstralt und
ging hervor und stand da, mit den Farben
der Natur geschmückt. Er sprach auszeich=
nend vortreflich über Regierungsgeschäfte,
über Revoluzionen in der Geschichte der
Menschheit, über künftige wichtige Folgen
kaum hervorkeimender Ursachen, über Er=
wartungen im Sistem der Politik; dann
malte er Staaten und Menschen nach dem
Leben und aus der Geschichte, mit leichten,
aber treffenden Umrissen, deren Aehnlichkeit
auffiel, ordnete Massen und vertheilte Licht
und Schatten mit schöpferischen Zügen einer
Meisterhand. Beispiele der Tugend begei=
sterten ihn; jede trefliche That, jede Gesin=
nung der Wohlthätigkeit, der Vaterlands=
liebe, traf in seinem Herzen auf eine ver=

E 5 schwister=

schwisterte Saite, die deutlich im wärmern Ausdruck hervorklang; sein Blick und seine Sprache glühten, und er hob uns mit zu hohen Empfindungen empor.

Ein Mann, der mit blendenden Gaben auch noch Macht und Einflüsse vereinigt, herscht gewöhnlich allein in dem schweigenden unterthänigen Haufen; alles hört und bewundert, niemand wagt einen Laut, und das Gleichgewicht der Unterhaltung hört auf mit allen ihren Annehmlichkeiten. Aber Bernstorf demütigte nicht durch die Vorzüge seines Verstandes; er lud zum Widerspruch durch Leutseligkeit ein, und wußte seinen Gegenstand immer nach dem Geistesvermögen der Geselschaft zu wählen. Er verstand es, eine Frage zu thun, die man wünschte, eine Antwort zu finden, die befriedigen mußte.

mußte. Er hatte für jeden ein Wort, einen Blick, ein Zeichen der Achtung in Bereitschaft, das auch dem Furchtsamen Mut gab. Jeder fand einen Anlaß, sein Talent zu entwickeln, jeder seinen Raum, wo er mit Vortheil erschien. Hierin allein besteht die wahre Höflichkeit, welche, wann sie nicht im Karakter liegt, den Grossen so selten gelingt, weil immer das Bewußtsein der Gnade durchscheint, mit welcher sie großmütig ihrer Würde entsagen; und, so bald nur der Geringere seinen Abstand einen Augenblick zu vergessen scheint, oder irgend einer Lieblingsthorheit nahe tritt: so hüllt sich der Große zum Schrecken des Verwegnen schnell wieder in seinen Purpurmantel ein.

Bernstorf war sogar seiner Temperamentsneigungen Meister. Er war mit einer

auf=

aufwallenden Wärme geboren; und weil sei=
nem Scharfsinn das Lächerliche nicht ent=
rann, so drängte sich oft die Satire bis an
seine Lippen und leuchtete noch aus seinem
Blick, aber er blieb seines Ausdrucks mäch=
tig, der nie das Gepräge des Spottes trug
und immer zur Freundlichkeit gestimt war.

So betrug sich Bernstorf unter seinen
Untergebenen und in der allgemeinen Gesel=
schaft. Ich unternehme es nicht, ihn unter
seinen Freunden zu schildern, wann seine
ganze Seele sich ergoß und alle Zärtlichkeit
seines Gefühls auch in ihre Herzen strömte;
denn wer ist fähig, sie nachzuempfinden?

Sonst meidet die Freundschaft die Palä=
ste der Großen; ihre Stelle vertritt eine
niedrige Dienstfertigkeit, eine heuchlerische
verstellte Liebe, die, so bald die Gnade des

Fürsten

Fürsten wankt, oft ohne irgend eine andre Veranlassung, zum offenbaren Haß wird. Der Anhang mancher Minister ist ein Haufen um Lohn gedungener Knechte, und unter Gebietern und Sklaven gibt es keine Vereinigung der Seelen. Aber Bernstorf hatte sich Freunde erworben, die seines Herzens würdiger waren; sie schäzten, unabhängig von der Würde, den Mann, der nicht verehrt, der geliebt sein wollte; und der ihre Freundschaft mit einer Zärtlichkeit vergalt, die in der verfeinerten Welt nicht gekant wird.

Ihr wenigen Edlen, eilet mit mir über ein allzutrauriges Angedenken weg, oder überlaßt euch vielmehr ohne Zwang eurem Schmerz.

Bernstorf war ganz zum Vergnügen des Umgangs geschaffen; er zog, mehr aus

Pflicht,

Pflicht, als aus Neigung, ein einsames Le=
ben allen seinen Reizungen vor, aber sein
Tag reichte kaum zu der Arbeit hin, welche
unaufhörlich auf ihn zubrang: die ersten
Stunden desselben waren der Religion, und
zwar nicht ihrer Uebung allein, sondern auch
ihrer Untersuchung, gewidmet; er las die
größten Theologen aller Zeiten; er verglich
ihre Lehren mit den heiligen Quellen; unter=
suchte und prüfte ihre Glaubwürdigkeit, und
wafnete sich gegen ernsthafte Zweifel. Es
ist wahr, er las die Spöttereyen nicht, die,
wenn man ihren Nachbetern glaubt, unser
Jahrhundert so aufgeklärt haben, und die
man, wiewohl nicht im Ernst, die Stimme
des andern Theils nennt. Sie mögen den
Thorheiten des Alters und den Wünschen
der Jugend schmeicheln, aber sie kommen der

kalten

kalten Vernunft des Rechtſchaffnen verächtlich vor.. Wer nicht Einfälle, ſondern Gründe ſucht, wer überzeugt, belehrt, nicht beluſtigt ſeyn will, bebt vor dem Frevel zurück,
die Regierung Gottes nach Schmähſchriften
zu beurtheilen.

So, durch hohe Betrachtungen aufge-
heitert, ging Bernſtorf mit Freuden an die
Geſchäfte ſeines Beruſs, las alle Bittſchrif-
ten ſelbſt und hielt ein eignes Tagbuch darüber; ſelten entfiel ihm ein wichtiger Umſtand, zumal wann er zum Vortheil der
Bittenden gereichte; ſelbſt in gerichtlichen
Angelegenheiten nicht, die, gekleidet in ihre
veraltete Tracht, dem Mann von Geſchmack
zuwider ſind. Auch der Geringſte ſeufzte
nicht nach Beſcheid; Hülfsbedürftige aus
allen Ständen wurden oft durch eigenhän-
dige

ige Schreiben erfreut; alle wurden getrö-
ſtet, wann ſie auch nicht alle erhört werden
konten.

In den auswärtigen Geſchäften überließ
er wenig der Arbeit ſeiner Untergebenen. Er
entwarf die wichtigſten Aufſäze, las alle
Berichte der Abgeſandten ſelbſt, und verlangte keine Auszüge; die zwar die Mühe
des Leſens erleichtern, aber auch den Sinn
der Berichte entſtellen. Er ſchrieb aus der
Fülle ſeines Geiſtes und Herzens; Gedanken und Ausdruck ſtrömten ihm zu. Er verſtand es, in einem gefälligen Ton durchdrin-
gend an den Verſtand zu reden, überwiegend
einzunehmen, alle Gegenſtände ſo zu ordnen,
daß ſie ſich unter einander gemeinſchaftlich
hoben, und daß kein triftiger Umſtand in
Schatten zurück wich. Er wußte die Auf-

merk-

merksamkeit bei verwickelten Sachen durch
ein immer steigendes Interesse zu fesseln,
immer den einzigen Ausdruck zu finden, der
keine fremde Deutung zuließ, die in seinen
Geschäften nicht gleichgültig war. Sein
Stil war edel, ohne rednerischen Schmuck,
leicht und fließend, ohne Trockenheit; er
überredete und rührte, weil er mit aller
Würde seiner eignen Tugend die Gesinnun-
gen wohlthätiger Könige vortrug; denn immer bleiben Gerechtigkeit und Wahrheit die
einzigen Quellen aller Ueberzeugung, und kein
Sofist hat mit allem Schimmer des Wizes
je im eigentlichen Verstand eine schlechte Sache vortreflich vertheidigt. Es ist Schade,
daß seine Arbeit unter die Geheimnisse der
Politik gehört, daß sie der Bewunderung
der Kenner entzogen bleiben muß. Seine

Erster Theil.   F   In-

Inſtruktionen an Geſandte ſeines Königs
ſind Meiſterſtücke der Staatskunſt und des
Vortrags. Der Miniſter befand ſich gleich
mitten in dem Hof, an dem er zu leben be-
ſtimt war; das Verhältniß dieſes Hofes mit
Dännemark, ſein Gewicht auf andre Staaten, der Karakter der Nazion, das Siſtem
der Regierung, war unterrichtend und deutlich entfaltet, Miniſter, Günſtlinge, Häupter
mächtiger Partheien waren geſchildert, ihr
Vermögen im Handeln war berechnet. In
den Ausdrücken, mit welchen Bernſtorf die
Wünſche des Königs empfahl, waren die
Mittel ſie zu erreichen enthalten, alle Ein-
würfe waren entkräftet, Gründe mit Uebergewicht bewafnet, jeder Schritt war ſo behutſam vorgezeichnet, daß auch ein Neuling
in der Staatskunſt, mit einer ſolchen Karte
verſehen,

verſehen, ſich kühn in das Labirinth der Politik wagen durfte, und aus dieſer Schule
kamen vortrefliche Männer, zum Dienſte
des Vaterlandes gebildet, zurück.

Bernſtorf verſtand die meiſten Sprachen
von Europa, aber vorzüglich war er der
Franzöſiſchen mächtig. Sie iſt die Sprache
der großen Welt und verbindet durch den
Briefwechſel und den Umgang faſt alle ge-
ſittete Völker, insbeſondere gehört ſie der
Staatskunſt zu, die, wie alle Wiſſenſchaften, ihre Kunſtſprache und ihre Eigenheit
hat; nur hat der neue Geſchmack ſie all-
zuſehr mit Puz überladen und dadurch ihren
Nachdruck entkräftet; man ringt nach Wiz
wo man kalte Vernunft fordert; man miß-
braucht hohe Metafern zu gemeinen Gedanken, und ſcheuet ſich nicht, die Geſchäfte

ganzer

ganzer Völker in Epigrammen und Antithe-
sen zu verhandeln. Dies war nicht der Stil
des berühmten Jahrhunderts, in welchem
Bernstorf seine Muster aufgesucht hatte.
Man las seine Aufsäze noch mit Vergnügen
nach der Arbeit eines Lionne, eines Torcy,
eines Estrades. Lionne war sein Muster,
ohnstreitig der größte Schriftsteller in Geschäften; aber Bernstorf übertraf ihn durch
Würde des Inhalts. Er rührte durch die
Mäßigung, durch die Gerechtigkeit seines
Königs, anstatt daß jener die Eitelkeit des
Seinigen, zuweilen gar seine Rache veredeln mußte.

Im Deutschen war Bernstorf minder
geübt, ob er gleich mit Empfindung unsere
beste Schriftsteller las. Als er anfing in
der Welt zu erscheinen, war der deutsche

Ge-

Geschmack noch in seiner Kindheit; die
Schreibart beschäftigter Leute war mehr oder
weniger eine Art des Aktenstils, der entweder
im frostigen Einklang ertönte, oder sich in
verschränkten Perioden verwirrte, wo der
Sinn im Gedränge müßiger Worte ver-
schwand. Er hatte in Regensburg gelebt
und konte den Ton dieser Schule nicht ver-
läugnen; aber, weil ein Genie immer jede
Sprache nach seinen Absichten beugt, so
drückte er auch im Deutschen große und edle
Gedanken, vielleicht nicht zierlich, aber mit
einem eignen Nachdruck, und mit einer
fremden, aber kräftigen Wendung aus. Mitten unter seiner Arbeit las er vortrefliche
Bücher; sie wurden behutsam, wie seine
Freunde, gewählt, und es war ein Vor-

F 3   urtheil

urtheil für den Werth eines Buchs, wann
man es in seiner Samlung antraf.

Ein so beschäftigter Mann findet seine
Wolluſt in dem Genuß jeder freien ruhigen
Stunde; sie iſt ihm zu koſtbar, als daß er
sie in dem sinlosen Getümmel der Welt ver‐
schwenden sollte. Bernſtorf überließ sich als‐
dann den stillen Freuden des häuslichen
Glücks, das sich täglich erneuert, das dem
Weisen allein noch Vergnügen gewährt,
wann ihn jeder Triumf der Macht und des
Ansehns, jeder Aufzug der Höfe kalt läßt.
Er war der freundschaftlichſte, gefälligſte
Ehemann. Seine Gemahlin blieb immer
die Vertraute seines Herzens; er kehrte freu‐
dig aus jeder Geselschaft in ihre Arme zu‐
rück; jedes Wort, das an sie gerichtet
war, jeder Blick, der dem ihrigen be‐

gegnete

gegnete, trug das Gepräge seiner Zärtlichkeit.

Die lezte Stunde des Abends war die
angenehmste seines Tages. Diese brachte er
unter seiner Familie, mit seinen Hausge-
nossen und einigen Gelehrten in Unterre-
dungen zu. Klopstock, der Sänger Gottes
und Freund und Liebling der Menschen, der
rechtschaffene geistvolle Cramer, der reine
Lehre und unsträflichen Wandel mit Wiz und
Munterkeit und ausgebreiteten Kentnissen vereinigt, gehörten mit zu diesem glücklichen Zirkel.
Wir hingen alsdann an Bernstorfs Mund
und labten uns mit Sokratischer Weisheit.
Hier entfaltete sich sein Herz und sein Geist;
der Schleier der Würde fiel nieder und die
erhabne Seele glänzte in ihrer eigenthümlichen Schönheit; wir verließen ihn nie, ohne

wärmer

wärmer für die Tugend zu empfinden, ohne unterrichtet, oder gebessert zu sein.

Wann die schöne Zeit des Jahrs heran nahte, so entfloh auch Bernstorf aus dem Geräusche der Stadt in die sanftern Szenen der Natur. König Friedrich hatte ihm ein Landgut geschenkt, das, als der Ruheplaz eines großen Mannes, unserer Zeit und der Nachwelt ehrwürdig bleibt.

Auf einem Hügel, der auf einer weit ausgebreiteten Fläche sich langsam erhebt, ist ein geschmackvolles, mehr bequemes als prächtiges, Wohnhaus erbaut. Jenseits der Fläche begrenzt die Stadt den Horizont, nah genung, um in ihrer ganzen Schönheit zu glänzen, und entfernt genung, um die ländliche Ruhe nicht zu stören. Die Stadt dehnt ihr Gewühl durch den Hafen in das

angren=

angrenzende Meer aus; hier verändert die
Schiffahrt jeden Augenblick die reiche man=
nigfaltige Szene, und das stille ferne Ge=
tümmel entzückt. An dem Hafen vorbei ver=
liert sich der Blick auf der See, oder ruht
zuweilen unter einer sich sammelnden Flotte,
oder auf den Küsten von Schonen aus.

Jung gepflanzte Alleen führen von dem
Wohnhaus in die regellosen Gänge eines
reizenden Waldes, der einen Garten ver=
birgt und schützt, auf welchen die Sonne
nicht weniger gütig, als auf ein südliches
Land blickt. Er ist das Muster der Gärten
von Dännemark, und bringt die besten
Früchte der wärmern Provinzen von Eu=
ropa in ihrer Vollkommenheit hervor. Bern=
storf hat ihn gepflanzt und gewartet; er hat
in demselben die angenehmsten Stunden sei=

nes

nes Lebens zugebracht; sein Geist blühte
auf und sein Herz erweiterte sich, wann er
die freiere Luft dieses Lustplazes athmen
konte. Er hatte es gelernt, die Stufenfolge
der Wohlthaten Gottes in der Natur aufzusuchen, einen heitern Tag mit Entzücken
zu grüßen; der Entwickelung der Pflanzen
nachzuspüren, die Ankunft der Blüte zu be-
lauschen und über die schwellende Frucht zu
frohlocken, alle die mannigfaltigen Freuden
zu empfinden, die ein unverdorbnes Gefühl
mit keinen anderen vertauscht.

Damit auch kein Segen dieser auser-
wählten Erde fehlen möge, versamlete Bernstorf glückliche Menschen um sich her. Er
gab seinen Gutsunterthanen ihr Geburts-
recht, Freiheit und Eigenthum, wieder; er
muuterte sie durch großmütige Beihülfe auf,

ihre

Hre Güter zu theilen und auf der Mitte ihres Landes zu wohnen.

Schnell deckten sich Heiden mit fröhlichen
Saaten; neue Pflanzungen stiegen hervor;
anstatt dürftiger Hütten in elenden Dör-
fern wurde die Gegend mit angenehmen
Wohnungen geschmückt, in welchen glückliche Väter ihre Kinder den Namen ihres
Wohlthäters lehrten. Sie wollen ihm, dem
Freund der Menschen, mitten in der ver-
schönerten Gegend ein Denkmaal errichten,
das dem künftigen Wanderer gewiß edlere
Empfindungen, als Trophäen, einflößt, einen prachtlosen, aber ehrwürdigen Stein, auf
welchen die Thräne ihrer Dankbarkeit floß. *)

In

*) Das Denkmaal, ein von dem vortreflichen
Wiedewelt aus nordischem Marmor verfer-
tigter

In dieser Wohnung des Friedens fühlte Bernstorf sich glücklich; sein Gedächtniß rief ihm tugendhafte Thaten und überzeugende Beispiele der göttlichen Vorsehung zurück; keine Handlung seines Lebens war durch eine kränkende Reue verbittert; sein Fleiß war mit Gedeien gesegnet; er war von den Redlichen im Staat, von den Würdigsten aller Nazionen

tigter Obelisk, ist am 28sten Aug. 1783, etwan eine Meile von Kopenhagen, am Wege nach Friedensburg, auf dem Gute mit Feierlichkeit errichtet worden. Der Obelisk ist 10 Ellen 14 Zoll hoch; oben sieht man eine bürgerliche Krone, an der Vorderseite des Postaments eine Korngarbe mit Hacke und Spaden darüber gebunden, an der andern ein Horn des Ueberflußes. Die mit vergoldeten Buchstaben eingehauene Inschrift ist an der Vorderseite dänisch,

an

zfonen verehrt, von seiner Familie, von seinen Freunden, von seinen Untergebenen geliebt; und auf seiner gefahrvollen langen Laufbahn hatten

an der andern lateinisch, und lautet in der letz ten Sprache folgender maaßen:

PIIS MANIBVS

IOHANNIS HARTVICI ERNESTI

COMITIS DE BERNSTORFF

QVI ARVA

DISCRETA IMMVNIA HEREDITARIA

LARGIENDO

INDVSTRIAM OPES OMNIA IMPERTIIT

IN EXEMPLVM POSTERITATI

MDCCLXII

P. S. S.

GRATI COLONI

MDCCLXXXIII.

S. deutsch. Museum Oft. 1784. S. 289.

hatten ihn wenig Unglücksfälle betroffen. Er näherte sich mit muntern Kräften dem Alter, und durfte sich schmeicheln, noch manche Früchte seiner Arbeit zu genießen, noch lange dem Staate nüzlich zu sein.

Am Abend des Lebens wird selten ein Mann, der in großen Verhältnissen einge= flochten war, die vergangene Zeit wieder durchzuleben wünschen, ohne Epoken, ohne Vorfälle auszunehmen, deren Angedenken ihn quält; aber Bernstorf hat es oft mit freudigem Danke gegen die Vorsicht wieder= holt: er nähme jeden verflossenen Tag aus den Händen der Allmacht ohne Bedingung zurück, ginge er nicht einer herlichen Zukunft entgegen.

Jedoch auch seiner wartete der Sterbli= chen Loos, die, wenn sie auch keine Straf=

gerichte

gerichte fürchten, doch selten der Prüfung
entgehn, die ihr Vertrauen auf Gott bestätigen und den Ruhm ihres Lebens durch den
schwersten Triumf, durch ihre Gedult im
Leiden, krönen soll. Langsam zog sich ein
Ungewitter auf. Unbedeutend in seinem Anfang schien es auch dem scharfsichtigsten Auge
nicht furchtbar; aber es verbreitete sich
schnell und deckte Dännemark mit einer schre-
kenvollen Nacht. — O, ruhte sie ewig auf
der Geschichte dieser Zeit!

Bernstorf hatte schon lange die Absicht
seiner Feinde entdeckt, ihn durch wiederholte Angriffe zu reizen und zu irgend einem
Schritt zu verleiten, der sie von dem Mann,
den sie haßten, befreiete. Endlich konte er
sich nicht mehr verbergen, daß es ihnen gelang, ihm das Vertrauen seines Monarchen

zu entziehn. Aber sollte er ruhig sein Schicksal erwarten, oder dem Sturm, der ihm
drohte, entfliehn? Das war die große be-
denkliche Frage, die entschieden werden mußte,
und die in seiner bittern Verfassung nicht so
leicht zu beantworten war.

Ein Staatsmann, der zu mißfallen an-
fängt, wandelt immer an Abgründen hin,
und thut keinen gleichgültigen Schritt mehr.
Ist er gelassen, so ist es ein Stolz, der gedemütigt zu werden verdient; verbirgt er
seine Unruhe und seine Empfindlichkeit nicht,
so ist es Bewußtsein der Schuld; entschließt
er sich, sein Amt niederzulegen, so wartet
vielleicht eine Kränkung auf ihn, wozu nur
der Anlaß gefehlt hat; und harrt er zu lange,
reizt er die Ungedult seiner Verfolger, so ist
es ungewiß, zu welchem heftigen Ausbruch

ihr

ihr Unwillen endlich verleitet werden mag. Wenn alle Zugänge des Throns von Rathsgebern umringt sind, die ihre gemeinschaftliche Sicherheit vereinigt, so ist kein Fürst der Erde mächtig genung, den Eingebungen der Wahrheit, die zurückgescheucht wird, oder den Empfindungen seines unaufhörlich bestürmten Herzens zu folgen.

Alles das erwog Bernstorf mit heiterer Ueberlegung und entschloß sich dennoch nicht zu fliehen, den Posten nicht feig zu verlassen, auf welchem er als ein auserwähltes Werkzeug der Vorsehung stand, keinen Augenblick, der in seiner Macht war, zu verlieren, wo er dem Staat, oder auch nur einem Gliede desselben, durch seine Arbeit nützlich sein konte.

Der Schlag kam seiner Erwartung zuvor. Ich war der einzige Zeuge dieses prüfenden Augenblicks. Sein Betragen dabei muß auf ewig seinen Karakter entscheiden; denn in einer solchen Stunde ist der größte Mann in den Händen der Natur.

Er hatte sich eben zur Arbeit niedergesezt, als er das Schreiben des Königs empfing, welches ihn den Staatsgeschäften entzog. Er las es mit ernsthafter Stille und stund mit einem Blick des Schmerzens auf. Ich bin meines Amts entsezt, sprach er mit einem gesezten bescheidenen Ton, und fügte mit gen Himmel erhabenen Augen hinzu: Allmächtiger, segne dies Land und den König!

So stand Bernstorf an den Ruinen seines Ruhms; so gelassen sah er in einer Minute das Gebäude seines ganzen Lebens umstürzen;

kürzen; Hofnungen große Entwürfe zu vol-
lenden, Außsichten in ein ehrenvolles ruh-
ges Alter, alle Freuden des vergangenen Lebens waren dahin wie ein Traum, und die
Folgezeit breitete sich finster vor ihm aus:
dennoch stand er unerschüttert. Entweder
war Bernstorf ein großer, oder ein unem-
pfindlicher Mann. Wer hat ihn je unempfindlich gekant?

Es war seinen Feinden geglückt, die
Grundsäze seiner Verwaltung zu schelten;
aber dennoch haben sie nie in dem Herzen
des Königs, selbst nicht in ihrem Gewissen,
die Achtung vertilgt, welche das wahre Verdienst auch unter Verfolgungen fordert.

Der Brief, der ihn seines Amtes ent-
sezte, enthielt Beweise einer erkentlichen Erinnerung seiner geleisteten Dienste, und

Bern-

Bernſtorfs Aſche iſt verſöhnt: der König hat ſein Gedächtniß verherlicht, er hat ſeine Familie durch rührende Beweiſe ſeines er=neuerten Wohlwollens erfreut.

Bernſtorf brachte nur einige Tage nach ſeiner Entlaſſung in Dännemark zu, und er wandte ſie an wie Sokrates, um ſeine Freunde zu tröſten. Ihm entfiel keine Kla=ge, nicht ein empfindliches Wort. Er beſchul=digte niemand, er vertheidigte ſich nicht, ſondern ging, wie Scipio, aus der Ver=ſamlung ſeiner Ankläger, und dankte, ſtatt aller Verantwortung, Gott für alle Dienſte, die er dem Staat geleiſtet hatte.

Bernſtorf hatte kaum wenige Monate in Hamburg durchlebt, als es ſchon von ſei=ner Wahl abhing, einem ſchmeichelhaften Ruf auf einen größern Schauplaz zu fol=gen.

gen. Er empfand das Unangenehme seiner
Verfaſſung, nicht weil er aufgehört hatte,
mächtig zu ſein, ſondern weil er nicht mehr
nützlich ſein konte, weil er gewohnt war,
ſich mit dem Wohl ganzer Reiche zu beſchäf-
tigen und die Bürde eines müßigen Lebens
fühlte; auch war der Haß ſeiner Feinde ſo
wenig befriedigt, daß ihn neue Kränkungen
ſelbſt in ſeiner ehrwürdigen Ruhe verfolgten. Warum ſollte Bernſtorf unter dieſen
Leiden dem Reiz widerſtehn, an einem
Throne zu glänzen, der alle Arten des Ver-
dienſtes an ſich zieht, und in der ſcharfſinni-
gen Großmut, Verdienſte zu belohnen, alle
Beiſpiele der Geſchichte übertrift?*) Aber alle

G 3 Güter

_____

*) Wer erkennt nicht Rußland? deſſen Monar-
chin über ihr Volk jeden Segen der Weisheit,

— das

Güter der Welt wogen keinen seiner Grund=
säze auf. Er hatte sich einmal Dännemark in
einer allzuwichtigen Sphäre gewidmet; sobald
ihn dieses Land nicht länger ertrug, so war für
ihn auf der ganzen Erde kein andres Vater=
land mehr. Er verehrte die Tugend fremder
Monarchen, aber sein Herz blieb nur Ei=
nem König ergeben; da dieser seine Dienste
nicht mehr begehrte, so begnügte sich Bern=
storf,

des Ruhms und der Menschlichkeit ausgießt.
Keine Regierung in der Geschichte der Welt
ist, wie die Ihrige, zu gleicher Zeit, durch
Siege und Wohlthätigkeit, durch Wissenschaf=
ten, Künste, Schöpfung des Handels und Ge=
sezgebung, verherlicht. Ist es nicht eine Er=
scheinung, die den Philosophen verwirrt, die
Habeas Corpus Akte in Tweer, und in
Paris noch Lettres de Cachet?

storf, ihm den Segen des Himmels in seinem einsamen Gebet zu erflehn.

In einer Zeit, wo alles Vertrauen aufhörte und wo auch rechtschaffne Diener, blos darum, weil sie die Verfolgung schonte, für Mitschuldige angesehn wurden, blieb Bernstorf seinen alten Freunden unveränderlich treu? Freilich war es Sicherheit, zu fliehen, und vielleicht verwerflicher Stolz eines reinen Gewissens, am Abgrund zu zaudern; aber sehnsuchtsvolle Wünsche im Stillen wurden nicht gehört und nicht erfüllt; und ehrenvolle Verhältnisse haben manchen unter vergeblichem Leiden ans nahe Verderben gefesselt.

Bernstorf glaubte länger an die Tugend, die er geprüft und gewürdigt hatte, und blieb verläumdeten unglücklichen Männern bis an

seinen

seinen Tod gewogen. Er erlebte die Ver=
herlichung noch, für seine Feinde in ihrem
Elend zu beten, aber er starb zu früh, um
des Triumfs zu genießen, den ihm das wie=
derkehrende Vertrauen des Königs und die
Stimme aller Patrioten versprach. Er er=
lag unter den Kämpfen des Geistes, mehr
durch Arbeit und Gram, als durch Krank=
heit und Jahre erschöpft. Seine Unpäß=
lichkeit verkündigte keine Gefahr; sein Ende
war schnell, wie es nur der Fromme wün=
schen darf; seine Gemahlin empfand die
Schrecken dieses sanften Todes allein. Er
hatte sich eben zur Ruhe niedergelegt, als
sie tönte, die Posaune des Engels, der ihn
an den Thron der Vergeltungen rief, als,
nach wenigen Seufzern der unterliegenden

Natur,

Natur, diese große Seele unsre Erde ver-
ließ.

Alle Arten des Ruhms haben sein Leben verherlicht. Er war glücklich am Ruder
des Staats, und von allen Redlichen geliebt, und, von aller Macht entblößt, noch
verehrt.

Dem Leser dieser Schrift ist es nicht gleichgültig zu wissen, ob der Erzähler unterrichtet sein konte. Ich habe in Dännemark
viele Jahre als königlicher Gesandtschafts-
rath und Sekretär im Departement der
ausländischen Sachen unter dem Grafen
von Bernstorf gearbeitet, und immer in

G 5   seinem

seinem Hause gelebt; wenn ich also nur
aufmerksam war, so war die Gelegenheit
zur Beobachtung günstig. Eine ausführ=
liche Geschichte wäre lehrreicher gewesen,
aber ein Vernünftiger fordert sie nicht,

Briefe,

Briefe,

im Jahre 1768 auf einer Reise im Gefolge des Königs von Dännemark geschrieben.

Erster Brief.

London den 18. Aug.

Ich komme von Samuel Johnson, dem
Koloß in der Englischen Litteratur, der tie-
fes Wißen mit Wiz, und Laune mit ernsthafter Weisheit vereinigt, und beßen Men-
schenlarve nichts davon ankündigt; denn in
seiner Gestalt ist kein Verhältniß — eines
faustgerechten Trabanten — beleidigt. Er
zielt darauf in der Schilderung des Müßiggängers: The diligence of an Idler is ra-
pid and impetuous, as ponderous bodies
forced into velocity move with violence
proportionate to their weight. *Idler No. I.*[1])

Sein

1) Der Fleiß eines Müßiggängers ist schnell und
heftig, wie schwere Körper, die zur Schnellig-
keit

Sein Anstand ist bäurisch, und sein Auge kalt, wie sein Spott; nie tagt ein Blick darin auf, der Scharfsinn oder Schalkheit verriethe; er scheint immer zerstreut, und ist es nicht selten. Er hatte Colmann und mich schriftlich eingeladen, und es wieder vergeßen. Wir überfielen ihn im eigentlichsten Verstand auf dem Landgute des Herrn Thrailes [2]), deßen Frau, eine artige Walliserin, Griechisch zum Zeitvertreib liest und übersezt. Hier lebt Johnson und herscht (denn er mag wol herschen,) wie im Schooße seiner eignen Familie. Er empfing uns freundlich, ob ihn gleich nie eine gewiße Feier-

keit gezwungen werden, mit einer ihrem Gewicht angemeßenen Heftigkeit sich bewegen.

2) Mitglied des Parlaments für Southwark; ein reicher Bierbrauer.

Feierlichkeit verließ, die in seine Sitten, wie in seinen Stil, verwebt ist. Er rundet auch im Umgange seine Perioden, und spricht beinah im Theaterton; aber was er sagt, wird durch ein gewißes eigenes Gepräg inːtereßant. Wir redeten von der Englischen Sprache; und ich merkte an, daß sie ihre Perioden geschwinder, als andere Sprachen, durchlebte; schon ist mehr Unterschied, sagte ich, unter ihren izigen Schriftstellern und dem celebrated club of authors aus der Zeit der Königin Anna, als unter den Franːzosen dieses und des vorigen Jahrhunderts. Sie streifen in fremdes Gebiet, und verːschwelgen den leichterworbenen Raub; denn sie folgen Swift's Rath nicht, neue Wörter zwar aufzunehmen, aber nie wieder zu verːstoßen. Wir erobern, fiel mir ein Anwːsender

fender in die Rede, neue Wörter im Enthu=
siasmus, und geben sie zurück bey kaltem
Blute, wie unsere Konqueten beim Frie=
den. Aber büßen sie, fragte ich, nicht bei
der Nachwelt dafür? Denn so bleiben sie
kaum dem dritten Menschenalter verständ=
lich. Neue Wörter, antwortete Johnson,
sind ein wohlerworbener Reichthum. Wenn
ein Volk seine Kentniße erweitert und neue
Ideen erwirbt, so hat es Kleider dazu nö=
thig; fremde Konstrukzionen hingegen hat
man als gefährlich verschrieen, und man
wirft mir täglich meine Latinismen vor, wel=
che den Charakter der Sprache ändern sol=
len; aber es ist meine ernsthafte Meinung,
„daß sich jede lebendige Sprache nach irgend
einer alten recht knechtisch bilden müße, wenn
unsere Schriften dauern sollen.“ — Denken
Sie

Sie nicht, daß etwas Wahres in der So=
fisterei ist? Eine todte, nicht mehr wan=
delbare Sprache taugt allerdings zum Maaß=
stabe der lebendigen. Es ist altes Sterling=
gewicht, wornach die Kurrentmünze gewür=
digt werden kan. Die größte Sprachver=
wirrung, fuhr ich gegen Johnson fort, rich=
tet eine Art Originalgenieen an, die ihr ei=
genes Sanskrit 3) erfinden, um ihre Ideen
in heiliges Dunkel zu kleiden; und doch hö=
ren wir oft ihre Orakelsprüche gern, und
fangen endlich die Krankheit. Singularity,
rief einer, ist oft ein Zeichen des Genies.
Dann antwortete Johnson, giebt es nicht
viel größere Genieen als Wilton in Chelsea 4).

Seine

3) Die heilige Sprache in Indien.

4) Ein Invalide, dem die Arme abgeschoßen sind.

Erster Theil.   H

Seine Art zu schreiben ist die singulärste von der Welt; denn er schreibt seit dem lezten Kriege mit den Füßen.

Colmann nannte den Rehearsal als ein ehemals bewundertes Meisterstück, das man jezt nicht mehr zu lesen im Stande sei: there was too little salt in, to keep it sweet, 5) sagte Johnson. Hume wurde genannt. Priestley, sagte ich, wirft ihm Gallizismen vor. Und ich, sagte Johnson: daß seine ganze Geschichte ein Gallizismus ist. Johnson muß seinem Haß gegen die Schotländer bei jeder Gelegenheit Luft machen; sogar in seinem Wörterbuche steht folgender Artikel: Oats, a grain, which

in

____

5) Er war nicht gesalzen genung, um sich lange zu halten.

in England generally is given to horfes,
but in Scotland fupports the people. [6])

Ich erinnerte mich feiner Ausgabe des
Shakefpear nicht, die fo fehr unter der Erwartung der Kunftrichter bleib, und fragte
ihn, übereilt genüg: welche Ausgabe des
Dichters er am meiften fchäze? Ei! antwortete er lächelnd: t' is what we call an
unlucky queftion. [7])

Ich erkundigte mich nach Boswell. [8])
Er fcheint ihn fehr zu lieben, und fühlt, aber
vergiebt ihm feine Schwärmerei. Boswell

H 2 ift

6) Haber ift eine Art von Getreide, das in England Pferde, in Schotland Menfchen fättigt.

7) Das nennen wir eine unglückliche Frage.

8) Verfaßer der Accounts of Corfica, und Johnfon's Begleiter auf feiner neulichen Reife nach
den weftlichen Infeln von Schotland.

ist ein feuriger Jüngling, der steif und fest
an die Heldentugend glaubt, und der im
Rausche seines Herzens so gut in Island,
als in Korsika, einen Halbgott aufgespürt
hätte.

Sie kennen Johnson's Schriften. Der
Rambler, der Idler, die Satire London,
Savage's vortreflich geschriebenes Leben sind
auch in Deutschland bekant. Weniger hört
man bei uns vom Prinz Rasselas, einem
meisterhaften, kalten, politischen Roman,
wie sie es alle sind aus der Familie; denn
ein Regierungskünstler, der fern von Geschäften für Könige schreibt, kan aus sich
selbst nichts als Gemeinsätze spinnen. Irene,
ein Trauerspiel von Johnson, full of the
finest speeches, ward ausgezischt, und ist
vergessen.

Dieser

Dieser berühmte Mann kämpfte lang mit Dürftigkeit; denn Sie müßen nicht glauben, daß England seine Schriftsteller, die es bewundert, immer auch belohnt. Oft verbarg er sich in einem Keller bei Moorsfields, um einem Zimmer mit eisernen Gittern zu entfliehn. In dieser Zeit schrieb er demosthenische Reden, für und wider die wichtigsten Fragen im Parlament, unterm Namen wirklicher Glieder, die man eine Zeit lang in den Provinzen für ächt hielt; und es ist nicht allgemein bekant, daß unter diesen die berühmte Rede Pitt's ist, die er gehalten haben soll, als man ihm seine Jugend vorwarf, und die nie aus Pitt's Munde kam. Izt hat Johnson den Paktolus in seinen Garten geleitet. Er genießt dreihundert Pfund Sterling Ehrengehalt, nicht um

Reden

Reden zu machen, sondern, wie die Mi-
norität versichert, um zu schweigen.

Ich habe vergeßen Ihnen zu sagen, daß
Johnson das Alterthum des Oßians leugnet.
Macpherson ist ein Schotländer; und er
will ihn lieber für einen großen Dichter gelten laßen, als für einen ehrlichen Mann.
Ich bin von der Wahrheit der Sache überzeugt. Macpherson zeigte mir, in Alexander Dow's Gegenwart, wenigstens zwölf
Hefte Manuskripte des Erßischen Originals.
Einige davon schienen sehr alt zu sein. Gelehrte von meiner Bekantschaft, welche die
Sprache verstehen, haben sie mit der Ue-
bersezung verglichen; und man muß entweder die Abgeschmacktheit glauben, daß Macpherson auch den Grundtext gemacht habe,

oder

oder nicht länger der Evidenz widerstreben. Macpherson deklamirte mir einige Stellen vor. Die Sprache klang melodisch genug, aber feierlich klagend und guttural, wie alle Sprachen ungebildeter Völker.

Zweiter

Zweiter Brief.

London den 24. Aug.

Ich habe gestern einen meiner schönsten
Tage auf Garrick's Landhause zugebracht.
Ich verließ, in Murphy's[1] Geselschaft,
London früh. Es war ein wollüstiger Som-
mermorgen; ein durchsichtiger Nebel zitterte
durch die warme Gegend, wie in Claude
Lor-

[1] Ein Rechtsgelehrter, der es auf dem Theater,
aber ohne Glück, versuchte. Einige seiner
Stücke werden mit Beifall gespielt. Hier sind
die Titel der bekantesten: The Orphan of
China, Zenobia, All in the wrong, The old
maid, The desert island, No one's ennemy
but his own, What we must all come to, The
apprentice, The way to keep him, The citi-
zen. u. s. w.

Lorrains Landschaften, und die Natur ge=
wann im Schleier. Ich fühlte mich wie
vom Aether getragen; alles rund um lächelte
Wonne. So ein Gefühl des Lebens, mein
Freund, vernichtet alle Sofismen vom
Uebergewicht des Uebels in der besten Welt.

Garrick's Haus ist ein kleiner Palast,
und nach guten Verhältnißen gebaut. Es
liegt am Ufer der Themse, die sich hier durch
eine reichbewohnte und ausgeschmückte Ge=
gend windet; was man aber seinen Garten
nennt, ist nichts mehr, als ein rein geha=
tener Rasen, auf welchem mancherlei Ge=
büsche und gesellschaftliche Bäume ohne Sim=
metrie verstreut sind. Horaz beschreibt eine
solche Gegend;

Qua pinus ingens altaque populus
Vmbram hospitalem consociare amant

H 5 Ramis,

Ramis, et obliquo laborat

Lympha fugax trepidare riuo.

Unten am Waßer steht Shakespear's Tem/
pel, ein Heiligthum für jeden Britten, im
eigentlichsten Verstande. Das Bild des Un/
sterblichen ist von weißem Marmor, in na/
türlicher Größe, zur Verehrung aufgestellt,
und der Künstler hat ihm einen Blick der
Entzückung gegeben, als wenn er in den
Welten seiner eignen Schöpfung herumirrte,
und auf die Gesänge Ariels lauschte. Im
Wohnhause finden Sie weder Pracht, noch
Modegeschmack, aber eine heitre, edle Ein/
falt, die in das ländliche Leben gehört, und
hie und da Merkmaale von dem Geiste, oder
auch der Laune des Beßizers. Alle Tape/
ten sind helle, von sanften, verträglichen
Farben; sie sind mit den Gemälden berühm/

ter

ter Schauspieler und Schauspielerinnen be=
hangen, welche sämtlich in wichtigen Szenen
ihres Spiels mit vielem Ausdruck vorgestellt
sind. Vier Gemälde von Hogarth sind merk=
würdig; es sind die Originale zur Eleczion.
Ein fünftes von eben dem Meister ist es
noch mehr. Es solte das Gegenbild der Hei=
rath nach der Mode werden, und in vier
Gemälden eine vollkommen glückliche Ehe
vorstellen; aber, entweder ist die Natur an
Modellen zu diesem Sujet zu dürftig, oder
Hogarth war in Fikzionen nicht fertig; nur
ein Stück ist angefangen, und in solchem
allein der Kopf der Braut vollendet. Ho=
garth zeigt sich hier auch als ein Maler der
Schönheit; denn es ist das sanfteste, liebe=
volleste Gesicht. Ferner sah ich hier Gar=
rick's Bildniß von unsrer Landsmännin An=

gelika

gelifa Kaufmann grau in Grau gemalt, und
ein andres, in China, nach Reynolds,
sklavisch kopirt, in welchem Garrick einem
verkleideten Chineser gleicht. Ich darf auch
unter den Kunstwerken ein Kästchen von
dem heiligen Maulbeerbaum nicht vergeßen,
unter deßen Schatten Shakespear geruht haben soll, und das hier mit Andacht, wie
eine wunderthätige Reliquie, gezeigt wird.
Aber Sie verlangen den Mann kennen zu
lernen; von dem Schauspieler rede ich heute
nicht.[2] Sie wißen schon, daß er ein schöner Mann ist, zwar nicht aus der Klaſſe
der schönen Körper, die zu Halbgöttern taugen: denn er ist kaum von mittler Größe;
und zu den Idealfiguren der römischen und
griechi-

[2] Und niemals; denn man kan darüber nichts
beßers, als Herr Profeßor Lichtenberg, sagen.

25

griechischen Helden, zu dem, was die Fran=
zosen das hohe Tragische nennen, fehlt ihm
beinah ein pied du Roi; aber seine Figur ist
zierlich gebaut; er ist nervig und fein, ge=
drungen ohne Fettigkeit, und jedes Spiel
seiner Muskeln, jede äußre Schwingung
stimmt genau zur innern Empfindung, die
überall, in der Bewegung der Hand so gut,
als im Ausdruck des Angesichts, durchscheint:
und daraus erklärt sich ein Wort von ihm
zu Previllen. Als dieser einst, zur Bewun=
derung aller Zuschauer, den Betrunkenen
machte, so rief ihm Garrick zu: „Ihre
Füße sind nüchtern!"

Beim ersten Anblick entscheiden Sie
gleich, daß ihn die Natur zur Freude, zum
Spott; und folglich zum Lustspiel berief.
Aus den Augen stralt launiger Scharfsinn
und

und satirische, hudibrastische Ärchneß,3) die
aber, durch offne Freude gemildert, mehr
anzieht, als abschreckt. Sie begreifen, wel=
che sichere Kunst, welche Schöpfergewalt
über seine Physiognomie dazu gehört, in den
großen tragischen Rollen diesen Stempel der
Natur zu verwischen; und doch forschen Sie
umsonst darnach, wenn er als Lear im Un=
gewitter schrecklich betet, oder, mit der Hölle
im Blick, als Richard vom Tirannenlager
auffährt.

Garrick lebt mit den Ersten des König=
reichs, und wird in ihrer Gesellschaft geehrt
und geliebt; aber zum Glück für seine Freun=
de hat ihn der Ton der großen Welt nicht
angesteckt, wo die Geseze des konvenzionellen
Anstands Natur und Freude fesseln, und je=

den

3) Schalkheit drückt dies Wort nicht völlig aus.

den freien, edlen Baum zur Gartenhecke
verschneiden. Garrick überläßt sich ohne
Zwang seiner Laune, und glaubt, daß Scherz
und treuherziges Lachen die Würze des Lebens sind. Von der Art seines Wizes giebt
nichts einen deutlichern Begriff, als seine
Prologen und Epilogen, die voll gesellschäft-
licher Einfälle sind. Fremde unerwartete
Gleichniße, glückliche Anspielungen, Ent-
deckungen ganz neuer Seiten an gewöhnlichen Gegenständen, auch Doppelsinn und
Wortspiele, die ihr verschrieenes Geschlecht
wieder ehren, glücklich angebrachte Stellen
aus alten und neuen Schauspielen, oder
aus seinem Lieblingdichter Horaz, alles das
strömt mannigfaltig und unaufhörlich daher.
Sein Herz würden Sie am besten aus seinen freundschaftlichen Briefen kennen lernen,

pen, wo er, in einem leichten, gefälligen
Stil, alle Akkorde der edelsten Gefühle durch=
läuft, und seinen Verstand, wenn er von
seiner Kunst spricht. Er ist voll der intereßan=
testen Anekdoten; und wenn er erzählt, so
handelt er zugleich. Jeder erscheint mit ei=
ner Grimaße aus seinem Gesicht, und spricht
mit dem Ton seiner Stimme; auch das
kleinste Geschichtchen wird zum Drama.
Hier ist Geberdensprache, deren Beweglich=
keit und Wahrheit einen Theil der Panto=
mimenwunder begreiflich macht. Was er
dadurch, ohne Sprache, zu wirken vermag,
sah ich neulich im Makbeth. Als er, mit
einem zum Mord entschloßenen, satanischen
Blick, einen Dolch zu sehen glaubt, und
mit einem Griff, wie man nur nach Kro=
nen greift, nach dem Hefte haschte, sank
ein

ein Fremder in meiner Loge, der nichts von der Handlung begrif, weil er nicht ein Wort Englisch verstand, vor Entsezen ohnmächtig zurück.

Wir unterredeten uns viel vom armen Sterne. Garrick liebte den Menschenfreund, und ehrte den Maler des Herzens; aber doch sagt er irgendwo strenge genug von ihm:

I will not like friend Shandy rattle,

And lose my matter in my prattle.[4]

Auch nennt er ihn a lewd companion, der noch ausgelaßener in seinem Umgang, als in seinen Schriften, war, und gewöhnlich alle Frauen durch seine Zoten verjagte. Er

artete

4) Ich will nicht wie Freund Shandy klappern, und meine Materie in meinem Geplapper ver-lieren. Von rattle, einer Kinderklapper.

Erster Theil. J

artete in London aus, wie mir alle meine
Bekante versichern, einer übelversezten Pflan-
ze gleich; der Weihrauch der Großen ver-
darb ihm den Kopf, und ihre Ragouts den
Magen; er wurde kränklich und stolz, ein
Invalide am Leib und Geist.

Ich fragte nach Fielding. Auch er war
einer von Garrick's Lieblingen, als Gesel-
schafter und als Schriftsteller. Garrick zieht
ihn, wie die Engländer alle, dem idealischen
Richardson [5] weit vor, der sich eine Welt
in der Studierstube schuf, und Menschen
aus dem Berg Athos schnizte. Fielding
malte die Natur so getreu, daß Sie in England überall eine Bekantschaft aus dem Tom

Jones

5) Wir lesen, dünkt mich, nur so lange wir min-
derjährig sind, den Richardson lieber als den
Fielding.

Jones antreffen, so wie in Holland aus jeß
der Hütte ein Ostade, oder ein Teniers
kriecht. Sonst war Fielding ein vollkomme-
ner Cyniker, der dem alten Hund in der
Tonne nichts nachgab, und Tabak und Wein
und Epigrammen sehr unappetitlich unter
einander käuete. Einst, als Garrick mit einigen Freunden bei ihm speiste, reizte ihre
Nasen ein widriger Ausfluß; Fielding half
ihnen bald aus dem Traum: denn, indem
er lachend aufstand, ward die Geselschaft gewahr, daß er auf dem Nachtstul bei Tische
saß. Ich habe nun von Garrick selbst die
Geschichte von Fielding's Bildniß bestätigen
hören, welches vor Murphy's Ausgabe seiner Schriften steht. Hogarth zeichnete solches nach Fielding's Tod aus dem Gedächtniß; und weil er sich eines merkwürdigen

Zuges

Zuges im Munde nicht erinnern konte, so
ahmte Garrick denselben nach, und erfrischte
dadurch Hogarth's Einbildungskraft. Dies
veranlaßte das oft wiederholte lächerliche fran-
zösische Mährchen, daß Garrick einem Maler zu einem fremden Gesicht gesessen habe.
Wir würden berühmte Männer oft aufrich-
tiger bewundern, wenn man weniger Wunder von ihnen erzählte. Wichtiger ist eine
Anekdote von Garrick in Rom. Als man
in einer Gesellschaft von Künstlern vom Ausdruck der Leidenschaften sprach, so individu-
alisirte er eine nach der andern auf seinem
Gesicht mit einer fürchterlichen Wahrheit.
Hätte der gegenwärtige Mengs diese Ex-
preßionen gezeichnet, so würden sie für den
Ausdruck der Seele das Nämliche sein, was
Polyklets Regel für die Verhältniße des
Körpers

Körpers war. Ich selbst habe etwas ähn=
liches von ihm gesehen, als ich ungefähr
vor acht Tagen der Repetizion eines Stücks
the Padlok von Bikerstaff zusah. Er hatte
in solchem selbst keine Rolle, und dennoch
machte er alle, auch die Weiberrollen, sei=
nen Schauspielern mit einer täuschenden
Wahrheit vor. Es ist unbegreiflich, wie
sein feingesponnenes Nervengewebe diese be=
ständige Anstrengung erträgt; wie es zugeht,
daß seine Gesundheit nicht unterliegt: denn
Sie müßen nicht glauben, daß es nur bei
ihm auf der Oberfläche stürmt. Ich sah ihn
einst nach vollendeter Rolle Richards, wie
den sterbenden Germanikus auf Poußins
Bilde, hinterrücks auf einer Ruhbank ge=
lehnt, mit keichender Brust, bleich, mit
Schweißtropfen bedeckt, und mit herabge=

J 3   sunke=

funkener, bebender Hand, ohne Sprache.
Auf dem Lande sammelt Garrick seine vers
schwendete Schnellkraft wieder, und er eilt
hinaus, so oft er nur einen freien Tag er-
haschen kan. Alsdann genießt er, wie er
sagt, einige Viertelstunden seines Lebens.
In der Stadt gehört er der Nazion zu. Sein
mühsames Studium nicht allein, sondern
auch die Regierung der Bühne raubt ihm
oft Zufriedenheit und Ruhe. Diese Regierung hat in England alle Inkonvenienzen
der brittischen Konstituzion. Bald stürmt
im Green Room 6) das Haus der Gemeinen; bald sind Mylords, die Autoren, unzufrieden.

Who

6) Das Zimmer für die Schauspieler auf dem
Theater zu Druryplane.

Who, with a play, like piſtol cock'd, in
　　　　hand,

Bid managers to ſtand:

„Deliver,. Sir,

Your thougts on this!"—

　„But Madam — Miſs —"

„Your anſwer ſtrait!

I will not wait."—

　„T' is fit, You know"—

„I'll hear no reaſon.

This very ſeaſon,

Ay or no!" 7)

　　　　　　J 4　　　　　und

7) Die, mit einem Drama, wie mit einer auf-
gezogenen Piſtole, in der Hand, dem Direktor: /
ſtehe! zurufen. Ihre Meinung hierüber, eh
Sie ſich rühren!— „Aber Madam — Mamſell
— Ihre Antwort ſtracks! Ich warte nicht."—
„Es iſt gut, daß Sie wißen — Ich höre keine
　　　　　　　　　　　Gründe

und die Stimme des Volks ist fürchterlich, weil
es, wie in Athen, seine größten Leute in einer üblen Laune mishandelt. Er ist zwar
der Liebling des Volks, und trift meistentheils den Geschmack dieser strengen Obrig-
keit; dennoch erkennt er ihre Herschaft mit
Ehrfurcht, und weis, daß sie nie einen Fehler, nicht eine Nachläßigkeit vergiebt. Garrick ist auch nicht unempfindlich gegen einzele
Kritiken, und entrann so wenig, als irgend
ein verdienstvoller Mann, den Kabalen des
Neides und der Schadenfreude schlechter
Menschen; ja es war zum Theil Verdruß
über mancherlei Beleidigungen dieser Art,
was ihn zu einer langen Reise außerhalb
Landes bewog. Er schilderte seine damalige
Verfaßung in folgenden Versen:

The
Gränze. Diesen Winter noch muß es gespielt
werden. Ja, oder Nein!«

The looking up fatigues the fight:

And mortals, when they foar,

Should they once reach a certain height,

All wifh, to have them low'r,

And friends there are in this good town,

Will lend a hand to help them down. [8])

Und die Herren Kunſtrichter werden mit

einem Gleichniß bewillkommet:

Criticks are, like watchmen in town,

Lame, feeble, half blind, yet they knock

poets down. [9])

J 5 Gar:

[8]) In die Höhe zu ſehn ermüdet die Augen; fängt
ein Sterblicher an zu fliegen, und hat erſt eine
gewiße Höhe erreicht, ſo wünſcht ihn jeder nä-
der bei der Erde, und es giebt Freunde in dieſer guten Stadt, die eine Hand hergeben, um
ihm herab zu helfen.

[9]) Kritiker ſind den Nachtwächtern gleich, lahm,
krüppelich, ; halb blind, doch ſchlagen ſie den
Poeten zu Boden.

Garrick verdient diese Begegnung nicht.
Er hat nie das Genie angefeindet, nie eine
Parthei, oder, wie man es bei uns nennt,
eine Schule 19) kommandirt; er hat kein
aufkeimendes Talent durch Verachtung gedemütigt, oft unerkante Fähigkeiten hervor-
gezogen, auch den Fleiß geschäzt, und
Ruhm und Belohnung mit seinen Gehülfen
getheilt. Er ist nicht allein der Lehrer, sondern auch der Vater seiner Gesellschaft, und
ehrt seltene Gaben mit Enthusiasmus. Nachdem Mistreß Pritchard die Bühne verlaßen
hatte, gab er ihr jeden Winter eine Bene-
fitsvorstellung, spielte alsdann immer selbst,
und machte nicht selten ein eignes kleines
Stück dazu. Noch spricht er mit Rührung
von der berühmten Mistreß Cibber. Sie
empfand;

19) Weil das Heer oft aus Schülern besteht.

enfand, sagt er, und wirkte Empfindungen. Seitdem sie todt ist, kan ich keine ver-
liebte Rolle mehr machen.

Es ist wahr, seine Dienste werden reich-
lich belohnt. Man rechnet sein Vermögen
auf 100,000 Pfund Sterling, und das
Theater bringt ihm jährlich, als Schauspieler und als Eigenthümer zur Hälfte, noch
gegen 4000 Pfund ein. Wenn Reichthum,
Verstand und ein großer Name glücklich machen können, so ist Garrick ein glücklicher
Mann: und er ist es auch in seinem Hause;
denn seine Frau ist eine liebenswürdige,
schäzbare Frau, die von ihrem vorigen Stande [11]) nichts als die Grazie übrig behielt;
aber ihnen fehlen Kinder, der Trost und die
Freude

11) Sie war eine Tänzerin. Sterne nennt sie
in seinen Briefen: a peerless woman.

Freude des Alters, und Garrick's Vermögen wird der Familie seines Bruders zu Theil.
Weil Garrick in künftiger Woche spielen soll,
so lag sein Schreibtisch voller Bittschriften
von Herren und Damen aus allen Ständen,
die um einen Plaz in den Logen flehten; ein
fremder Prinz war unter den Supplikanten,
und ein auswärtiger Minister hatte sein Ge-
such durch einen eignen Brief unterstüzt. Es
wäre kein Wunder, wenn ein so gefeierter
Mann endlich stolz würde. Baron war es
mit ungleich geringerm Rechte. Garrick aber
ist es nur für die Narren, gegen deren Zu-
dringlichkeit nichts in Sicherheit sezt, als
Kälte. Alles, was aus den Probinzen,
oder übers Meer kömt, will durchaus die
Löwen im Tower, und Garrick, den Wundermann, sehen. Ich bin, sagt er, auf dem

Theater

Theater für Geld zu sehen; aber in meinem Hause allein für meine Freunde.

Auf meinem Rückwege trat ich einen Augenblick in Twickenham, dem berühmten Garten Pope's, ab, der allein durch seinen Namen merkwürdig ist. Die so schön besungene Grotte ist ein mittelmäßiges Gewölbe, mit Muscheln ohne Geschmack überladen, in welchem hie und da etwas Waßer, wie von einem Ziegeldache, herabtropft.

Künftig sage ich Ihnen vielleicht etwas über Garrick's Schriften und über die Bildniße von ihm, die mir vorgekommen sind.

Dritter

Dritter Brief.

London den 31. Aug.

Ein Bild von Garrick in irgend einer Schauspielszene kan einem andern in einem verschiedenen Charakter unmöglich sehr ähnlich sein, weil sich diese Proteusseele jedesmal gleichsam mit einem neuen Körper bekleidet. Wer ihn als Lear, oder Richard gesehen hat, kennt den individuellen Garrick noch nicht. Hogarth's Richard, der so vortreflich den Geist seiner Rolle ausdrückt, sieht jedoch Garrick, auch auf dem Theater, nicht ähnlich. Im Hamlet von Zoffani finde ich, außer dem Anstand, nicht eine Spur von ihm; aber beßer ist er von eben dem

Meister

Meister als Romeo gemalt,[1] in dem Augenblick wie Julie erwacht. Reynold's dichterisches Gemälde, wo Garrick zwischen der komischen und tragischen Muse, wie Herkules auf dem Scheidewege, steht, und sich, menschlicher als der Halbgott, zum Vortheil des schalkhaften Mädchens entschießt, ist ein Meisterstück der Kunst. In dem Auge, so wie in dem launischen Lächeln, ist Wahrheit, aber doch veredelte Natur; selbst die vandalische Anordnung der Kleider und Haare, so vortheilhaft sie dem Künstler auch war, bringt etwas Fremdes ins Bild. Ein Mahler von Bath, deßen Namen mir nicht beifällt, hat ihn in Lebensgröße in ordentlicher Kleidung vorgestellt, wie er Shakespear's Bildsäule umfaßt.

1) Nicht gestochen; denn das Kupfer ist mittelmäßig.

ymfaßt. Der Gedanke ist nicht glücklich, und der Meister gehört nicht unter die ersten in England, aber Garrick ist kentlich genung.[2] Das beste Bild von ihm besizt Colmann; es ist ein Profilkopf von Zoffani gemalt. Diese Stellung des Gesichts steht immer schärfer auf der Linie der Wahrheit, und drückt den Charakter bestimter aus. Es ist nicht in Kupfer gebracht.[3] Garrick's Schriften

2) Green hat es, aber ohne Glück, in Kupfer gebracht.

3) Ich sah nachher in Frankreich Garrick's Bild in jüngern Jahren von Michael Vanloo gemalt, welches sehr gut zu sein schien: auch habe ich daselbst die Originalzeichnung von Cochin gesehen, aber dieser Garrick ist entnationalisirt. In der Samlung kleiner mittelmäßiger Blätter von Schauspielern, die vor einigen Jahren

in

Schriften sind nur einzeln gedruckt, und noch
nicht gesammelt; viele davon sind, wie ich
glaube, in Deutschland nicht bekant, und
verdienten es zu sein. In Dodsley's Samm=
lung sind einige Gedichte von ihm, unter
andern eine Ode an Pelham. *) Seine
Prologen und Epilogen sind ein Magazin

von

in London heraus kamen, sieht er sich in den
komischen Rollen sehr ähnlich, besonders als
Sir John Brute, und noch beßer, als Abel
Drugger. Von allen seinen Bildnißen aber
ist mir das liebste ein Blatt von Hogarth vor
dem Vorspiel The farmer's return; nur muß
die Karikatur nicht irre machen. Aus des gut=
herzigen, selbst zufriedenen, klug gewordenen,
seine Frau aufziehenden Pächters Gesicht leuch=
tet Garrick's wahre, eigenthümliche Laune.

4) Vol. IV. p. 198.

von ächtem Sterlingwiz. Von dramatischen
Stücken sind mir folgende vorgekommen:
Miſs in her teens, or the medley of lovers.
Der Gedanke iſt aus Dancours Pariſienne.
Ein achtzehnjähriges, unſchuldig ſcheinendes
Mädchen zieht alle ihre Liebhaber auf, einen jungen Offizier ausgenommen, den ſie
auch endlich erhält. Der Charakter des
Fribble, eines faden, ſüßen Herrn, war
ſonſt in jüngern Jahren Garrick's Lieblingsrolle, ſo wie Daffodil in einem andern
Stücke von ihm, the male coquette. Daffodil iſt ein Glücksritter, der ſich nie genoße-
ner Gunſtbezeugungen rühmt, und endlich
beſchämt und lächerlich wird. Lethe, eine
dramatiſche Satire in der lucianiſchen Ma-
nier. Weil Niemand mit ſeinem Zuſtande
zufrieden iſt, ſo hat Pluto den Sterblichen
erlaubt,

erlaubt, aus dem Fluß Lethe Vergeßenheit ihrer Sorgen zu trinken, und Aesop empfängt die Patienten. Die Geselschaft wird zahlreich, Dichter, Geizhälse, feine Herren, Damen nach der Mode, u. s. w. Lord Chalkstone, ein gichtischer Edelmann, ist Garrick's Rolle. Ein alter dienstfertiger Tischgenoß (ein Wesen, das man hier Toad eater nennt,[5]) kündigt den gnädigen Herrn an:

Bowmann. Sie müßen nicht glauben, daß Mylord von der gemeinen Klaße der Sterblichen ist. Sie können nicht anders als seinen Besuch für eine besondere Ehre ansehn; denn er ist so arg mit dem Podagra geplagt, daß wir Mühe hatten, über den Fluß zu kommen.

K 2   Aesop.

[5] Ein Krötenfreßer. Im Französischen un complaisant.

Aesop. Mylord muß also dringende Ursachen haben, nach dem Fluß Lethe zu reisen.

Bowmann. Keine, so viel ich weis, in der Welt — seine Füße sind freilich ein wenig abgängig, aber sein Herz ist so gesund als jemals. Nichts ficht ihn weiter an; er mag gesund oder krank sein, so ist er immer der angenehmste Herr, die beste Geselschaft, die man wünschen kan.

Mylord kömt, unter unwillig herausgestoßenen Seufzern, von Merkur langsam hergeführt.

Aesop. Mylord, Sie leiden — Ich wünschte Ihnen helfen zu können.

L. Chalkstone. Leiden — Glauben Sie denn, daß ich ein Sänftenträger, oder ein Karrenschieber bin? Meine Beine sind immer noch stark genung, um mich zu meinen

Freun=

Freunden und zu meiner Bouteille zu tra=
gen; und zum Reſt iſt das Podagra von
ganzem Herzen willkommen. —

Aeſop. Aber Sie fühlen doch, wie es
ſcheint, empfindliche Schmerzen.

L. Chalkſt. Schmerzen — ja — aber
Vergnügen n**▬** weniger. Wenn die Schmer=
zen kommen, ſo fluche ich ſie weg; und wenn
ſie vorbei ſind, ſo verliere ich keine Minute,
und trinke den nämlichen Wein und eße die
nämlichen Gerichte, wie vorher — laß die
Doktoren ſagen, was ſie wollen. Ich wolte
meine Küche und meine Liqueurs nicht miſ=
ſen, wenn ich die Seelen der ganzen Fakul=
tät retten könte. Ihres Waßers wegen bin
ich nicht gekommen, mein Herr Aeſop! denn
ich trinke kein Waßer, als wenn ich in Bäth
bin. Ich komme, die Wahrheit zu ſagen,

um mich ein wenig in Ihren elyſäiſchen Feldern umzuſehen, (ſieht durch ein Glas,) die, unter uns geſagt, verteufelt abgeſchmackt angelegt ſind. Hier iſt weder Idee, noch Geſchmack. Euer Fluß hier — wie nennt ihr ihn? —

Aeſop. Styx, gnädiger Herr.

L. Chalkſt. Ja recht, Styx — aber das läuft gerade und ſteif wie ein Rennſtein — Sie ſolten ihm einen ſchlangenförmigen Schwung gegeben haben, und das Ufer ſolte ſchiefer und maleriſcher ſein — Die Gegend hat ihre Kapabilitäten, nur müßen Sie dorten den Wald lichter hauen, und hier auf der rechten Seite die Bäume mehr klumpweiſe zuſammenrücken — Ueberall finde ich hier weder Mannigfaltigkeit, noch große Maßen, weder Kontraſt, noch unerwartete

Coup

Coup d' œils — (Kömt bis aus Orcheſter:)
Doch iſt hier ein feines Ha! Ha![6]) und
Blumenſtauden und Wintergrün — (indem
er nach den Logen ſieht).

Aeſop. Fragt im Verfolge des Geſprächs,
ob er verheirathet ſei, und Kinder habe?

A. Chalkſt. Kinder? nein — ſo viel mir
bekant iſt — zwar habe ich meine Frau in
ſieben Jahren nicht geſehen.

Aeſop. Sie ſezen mich in Erſtaunen.

A. Chalkſt. Und Sie mich auch, weil
Sie nicht wißen, wie man in der Welt zu
leben gewohnt iſt. Ich freite nach Reichthum, ſie nach einem Rang; und als wir

K 4 beide

6) Ha! ha! iſt in den engliſchen Gärten ein Gra-
ben mit ungleichen Ufern, den man ſtatt einer
Befriedigung anbringt, weil er das Ganze
nicht unterbricht, und die Ausſicht frei läßt.

beide hatten, was uns fehlte — ei nun, je geschwinder wir uns trennten, je beßer. Doch es ist gut für die Nazion, daß es auch Leute giebt, die hecken. Mein Bruder mästet sich mit ehelicher Liebe, und ist schon am zweiten Duzend Kinder. —

In jedem englischen Lustspiel ist ein Franzos des Wohlstands wegen nothwendig; hier erscheint also auch einer.

Der Franzos. Monsieur, votre Serviteur très-humble — Vous ne me repondés rien? Je vous dis que je suis votre très-humble serviteur.

Aesop. Ich verstehe Sie nicht.

Der Franzos. Ah le barbare! il ne parle pas françois.

Aesop. Wer sind Sie, wenn ich fragen darf?

Der

Der Franzos. Jck bin, ihr su dien, un marquis françois. J' ai vu le monde; ick aben kewest all über der Welt, un leb sue Stund in England, wo ick bin viel karesler, plus même que dans ma patrie.

Aesop. Und was ist Ihr Gewerb in England?

Der Franzos. Jck aben da kommen, Monsieur, pour polir la nation. Die Englisch, sie ab su viel von der Blei in der Bein, und von der pensée in der Kopf. Il s' agit de les dégourdir un peu.

Aesop. Aber worin besteht eigentlich Ihre Wissenschaft, mein Herr?

Der Franzos. Mais, Monsieur, je parle françois en perfection — Jck danse der Menuet und der Cotillon, und sing die klein chansons à merveille. Enfin, Monsieur, je

suis

ſuis étranger; un alß der Engliſch ab lieb les étrangers, mehr alß ſie ab lieb ihr Landß mann, ſo is der étranger kein Narr pour reſter à la maiſon, wo ſie nicß ab in der Welt, un komm lieber in der Land, wo ſie nicß manquir in der Welt — vous comprenés cela, Monſieur.

Aeſop. Das läßt ſich hören. Aber, was wollen Sie hier?

Der Franzos. Ecoutés, mon cher Monſieur, ich mack der Cour à une femme fort riche, un aben lieb ihr Geld, un die Lady er at lieb mon eſprit & ma figure, & vous m' obligeriés, Monſieur, wann Sie gäb mir ſwanſig douzaines de bouteilles von der Waßer aus der Fluß Lethe.

Aeſop. Zu welchem Gebrauch?

Der

Der Franzos. Davon soll trink Ihr: Gesundheit, Monsieur, devinés qui? mes créanciers, daß sie vergißt der Weg zu mein Logis.

Aesop. Sie tränken beßer selbst ein Paar Bouteillen, um Ihre Thorheiten zu ver: geßen, und kehrten dann nach Ihrem Lande zurück.

Der Franzos. Ah, je vous demande excuse, Monsieur. Vous n'y pensés pas en vérité; ich paßier lieber vor Marquis in Engs Land. J' aime cela beaucoup mieux, que de frifer les cheveux en Provence. —

Eine kleine Farce von Garrick, Harle- quin's Invafion, erschien, als Frankreich im lztern Krieg England mit einer Invafion auf platten Fahrzeugen drohte. Es fällt mir ein guter Zug daraus ein. Ein Engländer

und

und ein Franzos sind beide zum Tode verurtheilt, und ein Mönch soll sie dazu bereiten. Was hast du für eine Religion? fragt
er den Engländer. Die Antwort: keine!
Und du? (zum Franzosen:) Celle, Monsieur, qui vous plaira (mit einer tiefen, ge-
schmeidigen Verbeugung).

The clandestine mariage, von Colmann
und Garrick. Hogarth's mariage à la mode
gab Anlaß zu diesem Stück, und die Charaktere des Lords Ogleby und der Mrs. Hei-
delberg sind von Garrick allein. The Guar-
dian, nach dem Mündel von Fagan. Cy-
mon, a dramatic romance mit Zaubereien,
einigermaßen nach dem Orakel. Es gefiel
weniger, als seine andern Stücke, weil die
Schäferliebe seine Gattung nicht ist. The
lying valet, eine Komödie. Lilliput, a dra-

matic

matic entertainment, von Kindern gespielt.
The Gamester, nach Shirley, Isabelle, oder
die unglückliche Heirath, nach Southerne,
Florizel and Perdita, aus dem Wintermähr=
chen, und Catharine and Petruchio, aus der
gebändigten Spröden von Shakespear.

Ein kleines dramatisches Stück, the
farmer's return, hat sich selten gemacht.
Es ist voller Naivheit, und noch schäzbarer
durch ein Titelkupfer von Hogarth, das man
sonst in keinem Kupferladen findet. Ein
ehrlicher Pächter aus dem nördlichen Eng=
land ist zum erstenmal in seinem Leben in
London gewesen, und erzählt bei seiner Zu=
rückkunft der erstaunten Familie alle Wun=
der, die er gesehen hat. Der eigne Ton
dieser Verse, die in einem Provinzialdialekt
geschrieben sind, ist in keiner Uebersezung

zu erreichen. Eine Stelle muß ich Ihnen
doch daraus herſezen, welche ſehr bei der
Vorſtellung gefiel, weil ſie die Empfindung
aller wohlgeſinten Britten für ihr kronen:
würdiges königliches Paar ausbrückt.

Wife. But waſt thou at Court, Jahn?
          — what there haſt thou ſeen?

Farmer. I ſaw'em — heaven bleſs'em —
          You know whom I mean;

I heard their healths pray'd for — agen
          and agen

With provoiſo, that one may be ſick
          now and then.

Some looks ſpeak their hearts, as it were
          with a tongue;

O Dame — I'll be damn'd, if they e'er
          do us wrong.

Here's to'em, bleſſ'em — both — do
          You take the jug —

                 Wou'd't

Wou'd't do their hearts good — I'd
    ſwallow the mug.   (trinkt.)

    (Zu Richard, ſeinem Jungen:)

Come, pledge me, my boy — hold, lad,
      haſt nóthing to ſay?

Dick. Here, Daddy, here's to'em,
      (trinkt.)

Farmer. — Well ſaid, Dick boy.

Ich kenne noch von Garrick ein ange⸗
nehmes Gedicht, in welchem er die Geſchichte
ſeiner Hypochondrie, und ſeines Verdrußes
über den Kaltſinn mancher Freunde und die
Beleidigungen ſeiner Feinde in einer launi⸗
gen Fabel vom kranken Affen erzählt; aber
dieſer Brief iſt ſchon weitläufig genung, und
ich will Ihre Gedult nicht länger mißbrau⸗
chen. Ich bin u. ſ. w.

Vierter

Vierter Brief.

London den 15. Sept. 176?.

Unsere Landsmännin, Angelika Kaufmann, fand ich heute mit dem Meßias in der Hand, und Pope's Homer lag in der Nähe. Sie liest beide mit Entzücken: aber der Deutsche ist näher mit ihrem Herzen vertraut; er veredelt ihr Gefühl, und erhebt sie bis zu seiner Schöpfung. [1])

Sie

1) Wie hoch sie diesen Dichter schäzt, erhellt aus folgender Stelle eines ihrer Briefe an mich vom 29. Mai 1769.

* * „Daß der große Klopstock an mich denkt, „mich sogar mit seinen Werken beehrt, hab' ich „Ihnen zu verdanken. Ich werde mich erkühnen „an ihn zu schreiben, und ihn meiner Hochach-
tung

Sie ist, wenn ich mich recht erinnere, in Bregenz geboren, und kam jung nach Italien. Hier ward ihr empfänglicher Geist, unter Kunstwerken, und in der guten Gesellschaft, ganz zum platonischen Wohlklang gestimmt. In ihrer Gestalt und in ihren Gemälden, in ihrer Rede und ihrem Wandel, ist überall nur Ein Ton herschend; nämlich sanfte

„tung versichern. Ich will nun Ihrem Rathe „folgen, und bin entschloßen, einige Stellen „aus dem Meßias zu wählen; aber daß ich „doch fähig wäre, das Große, das Göttliche, „so darin ist, mit dem Pinsel auszudrücken! „Ich werde einen Versuch machen, und wenn „er geräth, so soll Herr Klopstock das erste Stück „haben."— Sie hat ihr Wort gehalten, und Klopstock besizt nun ein vortrefliches Stück, welches die Episode von Samma vorstellt.

Erster Theil.   L

fanfte jungfräuliche Würde. Sie ist jezo
ungefähr 27 Jahre alt, keine vollendete
Schönheit, aber dennoch einnehmend in ihrer Form und ihrem ganzen Anstand. Der
Charakter ihres Gesichts gehört zur Gattung, welche Dominichin gemalt hat, der
in seinen Köpfen den Raphael erreichte:
edel, schüchtern und bedeutend, anziehend
und mittheilend. Man wird sie nirgends
flüchtig gewahr, sondern sie hält den Blick
des Beobachters fest; ja es giebt Augenblicke, wo sie tiefere Eindrücke macht. Wenn
sie, vor ihrer Harmonika, Pergolesis Stabat
singt, ihre großen schmachtenden Augen, pie-
tosi a riguardar, a mover parchi, gottes-
dienstlich aufschlägt, und dann mit hinströ-
menden Blicke dem Ausdruck des Gesanges
folgt, so wird sie ein begeisterndes Urbild der

heiligen

heiligen Cäcilia. Welcher Beruf, mein
Freund, mit so vielen Talenten glücklich zu
sein! — Aber Angelika ist es jezt nicht.
Ihre sichtbare Schwermut ist eine Frucht
mißlungener Liebe, die sich mit einer uns.
glücklichen, jezt wieder getrennten, Heirath
endigte. Aller Genuß des Ruhms und des
Lebens wird durch das Leiden des Herzens
verbittert.

Als Malerin fehlen ihr gleichwol wichtige Theile der Kunst: sie zeichnet nicht allerdings richtig, und muß daher reiche, hand-
lungsvolle Erfindungen meiden; selbst in der
einzelen Figur darf sie keine schwere Stellung und keine Verkürzungen wagen; sie
deutet die Anatomie des Nackenden ungewiß
und furchtsam an; wenn auch ihre Verhältniße richtig sind, so sind doch ihre Umriße,

zumal

zumal an Hånden und Fůßen, nicht immer
korrekt. Man findet ihr Kolorit kalt und
fremde, ihre Schatten eintönig, und über
ihrer Karnazion ſchwebt ein violetter Duft,
dahingegen dringt die Farbe der Gewånder
allzublendend vor, und iſt nicht mit der Haltung [2] des ganzen Stůcks vereinigt, auch
verſteht ſie wenig Luftperſpektiv, kein Bei-
werk, keine Landſchaft, und überhaupt keine
Grůnde; aber alle dieſe Fehler hat ſie durch
Schönheiten aufgewogen. Ihre Werke ſind
tiefen Sinnes, ſenſu tincta ſunt; ſie wåhlt,
mit vieler Weisheit, eine keicht zu faßende

eine

[2] Neulich las ich: „die Haltung — iſt auch
„in den Extremitåten eines großen Meiſters
„ſo gewißenhaft angegeben.“ — Man ſolte ſich
wenigſtens ſelbſt verſtehn, wenn man über dergleichen Dinge ſchwazen will.

einfache Handlung, und den Augenblick vor
der Entſcheidung, wenn das Intereße durch
die Ahndung geſteigert wird, und die Ein=
bildungskraft in einem weiten Spielraum
ſchwärmt; 3) ihre Formen ſind voller An=

L 3 mut,

3) Ich will die Sache durch Hektors Abſchied von
der Andromacha, eines ihrer Werke, erklären,
welches Watſon im Jahr 1772 in ſchwarze
Kunſt gebracht hat. Bei dem Skäiſchen Thore,
wo Hektor (Ilias ſechſter Geſ.) die Gattin an=
traf, ſteht der Held, ſo nach dem Lager gewandt,
als wär er ſchon einen Schritt weiter geweſen,
und träte nun, auf das Flehen des Weibes,
noch einmal zurück; denn der linke Fuß iſt los,
hinter den rechten gezogen, und Hektor hält
ſich jezt an der Lanze, die an dem Orte ſteht,
wo der Fuß geſtanden hat; aber nun weilt er,
wendet liebevoll ſein Geſicht nach dem gebeug=
ten

mut; ganz in der griechischen stillen Würde
hingestellt; und in ihren Frauensgestalten

ist

ten Weibe, welches hinschmachtet auf seine
Schulter, ihren rechten Arm um seinen Nacken
schlingt, und die andere bebende Hand dem
Gatten überläßt, der sie fest in die seinige drückt.
Sie hat eben vollendet:

Edler, dich wird tödten dein Mut: du aber
erbarmest
Dich des Knäbleins nicht, und mein, der
Elenden, auch nicht!
Witwe werd' ich bald —
— mir wäre das Beßte,
Stirbst du, in die Erde nach dir zu sinken —
Aber erbarme dich nun —
Daß dies Knäblein nicht werd' eine Waise,
dein Weib eine Witwe! —
Und nun schweigt sie. Fest verschlingt sie den
Gram, nähert sich der Wange des Mannes,

forschet

ist eine eigene, unnachahmliche Weiblichkeit,
so ein Ansichhalten und Hinschmachten, so

L 4   ein

forschet furchtsam, mitleidfodernd, mit dem
trüben, keuschen Auge — ob sie nicht abnden
darf— daß er sich erbarme. Er öfnet den Mund,
spricht die heilenden Worte:

Liebes Weib, bekümmre dich nicht zu heftig
im Herzen!
Gegen das Schicksal wird mich keiner hinab
zu den Schatten
Senden. —

Stolbergs Uebers.

Für den Beobachter ist der gerührte Hektor
nicht ganz entschloßen: wird er bleiben? oder
reißt er sich los? Diese Ungewißheit erschüttert
die Seele, und ist der große Grundsaz aller
Malerei für das Herz — Leßing hat ihn im
Laocoon scharfsinnig ausgeführt. — Bei der
Mutter, etwas im Vorgrunde, um, durch ih=
ren

ein rührendes Ergeben, so ein Bewußtsein
der Geschlechtsabhängigkeit, die alle männs
liche Kenner einnimt. Freilich geht von dies
sem Charakter auch etwas in ihre Männer
über; diese stehen so züchtig und blöde, wie
verkleidete Mädchen, da, und es wird ihr
nie gelingen, Helden oder Verbrecher zu
malen.

Man weilt nachdenklich bei ihren Wers
ken, und geräth unversehens in die sanfte
elegische Laune der Künstlerin.

Jezo wird ihr Name bekanter; man
fängt an sie brittisch zu belohnen. Eminent

ist

ren Schatten, die lichte Hauptfigur der Ans
dromacha zu heben, steht die Amme mit dem
kleinen Astyanax. Sie liebkoset dem Kinde,
das ihr entgegen lächelt, weil es noch nicht ers
schrocken ist vor dem wehenden Federbusch.

in diesem Lande ein ehrwürdiges fruchtba-
res Beiwort. Angelika ist zu bescheiden;
sonst darf ein eminent artist in jeder großen
üppigen Stadt ungefähr mit seinem Liebhaber, wie eine eigensinnige Kokette mit dem
ihrigen, umgehn; er darf ihn plündern
und mishandeln, ohne einen Bruch zu be-
sorgen, und kan so reich werden, als er Lust
hat. Ja es ist einerlei, ob der Virtuos
Künstler, oder Friseur, Farinelli, oder ein
Taschenspieler ist.

Angelika hat mir ein angenehmes Geschenk mit einem Paar radirten Blättern
von ihrer Arbeit gemacht, die man in keinem Kupferladen findet. Unter diesen bin
ich besonders mit unsers Winkelmanns Bildniß zufrieden; er sizt mit der Feder in der

Hand

Hand vor seinem Pult, und untersucht;
oder umtastet vielmehr, irgend ein Kunst-
werk mit dem Flammenblick, welcher in
Apollos Nase Götterverachtung, und den
Herkules im Torso fand.

Fünfter

Fünfter Brief.

London den 25. Sept. 1768.

Alle Reisebeobachter sind gewohnt, allgemeine Schlüße auf einzele Thatsachen zu gründen; daher rührt das schiefe Urtheil, welches man mit kühnem Leichtsinn über Menschen und Staaten ausspricht. Wer die hiesige Verfaßung nicht kennt, und den König, an einem feierlichen Tage, unter seinen Hofämtern erblickt, wie er im glänzenden Haufen, wo er sein Auge hinlenkt, alle Großen niederbeugt, die ihn mit den Zeichen ihrer Würde, mit dem weißen und schwarzen Stab, in dem Kanzlers und Bischofsornat, in schweigender Ehrfurcht umgeben, der glaubt nicht im Lande der Frei-

heit

heit, sondern an dem Hofe eines morgen-
ländischen Sultans zu sein.

Wenig Schritte von diesem Schauspiel,
in dem Caffé zu St. James, findet er dann
ein öffentliches Blatt, welches über die Regierung mit aufrührerischem Frevel lästert:
Lange kan er nicht entscheiden, welche von
beiden Erscheinungen ein Traum war: er
weis den Widerspruch nicht zu erklären; endlich glaubt er, mit dem großen Haufen, daß
das Hofgepräng nur eine leere Theaterpracht,
und die Zeitung der Geist und die Stimme
eines zügellosen Volks ist. Welche Bosheit,
ruft er aus, bringt die gepriesene Freiheit
hervor! Wie eingeschränkt ist die Gewalt
des Monarchen, der diesen Troz nicht bän-
digen kan! Jeder arme Teufel zuckt dann
bedeutend die Schultern, und preist aufrich-

tig

sig sein Schicksal, daß er nicht König von England ist.

Dennoch ist ein englischer König, sobald er nicht eigenwillig, sondern nach den Gesezen, regiert, ein mächtiger, und, wenn das Glück auf irgend einem Throne weilt, auch ein glücklicher Herr. Die Verfaßung hat seine Würde zuverläßiger gegen alle Gefahren verschanzt, scharfsinniger von den traurigsten Pflichten, von dem Leiden der Herschaft befreit, als es irgend ein Staatsklügler ausdenken mag. Er kan nur wohlthun, ehren, belohnen, nur vergeben, und nicht strafen; selbst das Richteramt, welches immer den einen Theil beleidigt, ist von dem Thron unabhängig: denn auch im Prozeße gegen die Pairs wird der König, durch den High Steward, allein simbolisch vorgestellt.

- Er

Er darf seinen Unterhalt nicht durch Kam=
merkünste aus dem Lande peinigen; was er
einnimt, ist ein freies Geschenk: und wenn
sein Volk unter Auflagen seufzet, so haben
es seine gewählten Vertreter, nicht der Kö=
nig, dazu verurtheilt. Auch seine Minister
sind sicher, unter allem Geheule der Par=
theien, wenn sie's nur verstehn, im Par=
lamente der größern Anzahl zu gefallen.
Chesterfield und Pulteney *) haben Robert
Walpolen viele Jahre lang, Schritt vor
Schritt, durch Philipiquen im Craftsmann **)
verfolgt, ohne daß es ihnen gelang, diesen
stromkundigen Steuermann des Parlaments
zu stürzen.

Jezt

*) Der nachher Graf von Bath wurde, und die
   Oppositionsparthei verließ.

**) Eine periodische Schrift.

Jezt sind unter den namenlosen brittischen Aretinen und Volkstribunen dergleichen
wichtige Männer nicht mehr; ein Paragra-
phenschreiber (so nennt man hier einen Zei-
tungspolitiker,) und ein elender Kerl sind
meist gleichbedeutende Wörter. Die verwe-
genste Schrift beweist selten etwas mehr, als
daß es einen tollkühnen Dürftigen giebt, der,
mit Gefahr am Pranger zu stehen, sein
Mittagseßen erschimpft.

Der Catilina³) dieses Landes, der nur an
Bosheit, nicht an Einfluß, seinem Vorbilde
gleicht, büßt jezt seine Ritterzüge durch ein
langes Gefängniß. Sein Leben war eine
Reihe von Glücksritterstreichen. ⁴) Wenn
ihm

3) Wilkes.

4) Ich beziehe mich auf die Thatsachen, die ihm
    der Pastor Horne in seinem Streite mit ihm
    vorwarf,

ihm die Sänftenträger Beifall zujauchzen,
so verachtet ihn der beßere Theil der Nazion;
und dennoch, als ihn das Geſez niederwarf,
wagte ſelbſt der Pöbel nicht einen Laut; der
neue Brutus ward ohne Lärmen, wie ein
gemeiner Taſchendieb, eingeſteckt.

. Freilich beßert ihn wol dieſe Züchtigung
nicht; ihm bleibt allein die verdrüßliche
Wahl, entweder fortzuempören, oder im
Gedränge zu verſchwinden. Durch redliche
Thaten wird er nicht glänzen; ſelbſt als
Schriftſteller iſt er nur mittelmäßig; wär'
er nicht Staatsverbeßerer, Thronerſchütterer,

ſo

vorwarf, und die er nicht ablehnen konte, auf
ſeine öffentliche Lebensart in Frankreich und
Italien, und auf ſeine Verſchwendung in London, welche die Bill of Right's Society bezah-
len mußte.

so würde er höchstens zum politischen Roma=
nenschreiber, oder zum Kunstrichter, taugen. [5]

Indeßen kränkt der Frevel, welchen die
Preßfreiheit schüzt, alle Freunde der Ord=
nung und der bürgerlichen Ruhe, und selbst
eifrige Whigs haben strengere Mittel gegen
ihren Misbrauch gewünscht; aber man fürch=
tet die Hand der Regierung zu wafnen, und
so erträgt man das Uebel, weil es aus der
Freiheit, dem größten Vorrecht der Mensch=

heit,

[5] Er versuchte eine Geschichte von England zu
schreiben: aber die ersten Hefte waren so elend,
wurden mit einem solchen Hohngelächter auf=
genommen, daß er den Einfall klüglich aufgab.
Mit einem Fluß von Worten und vieler Inso=
lenz wird man im Partheienzanke berühmt:
aber über Schriften, wo dies Interesse fehlt,
urtheilt das kalte Publikum strenger.

Erster Theil. M

heit, entspringt, wie hier und da eine schäd=
liche Pflanze aus einem wohlthätigen Bo=
den sproßt. Weder Locke, noch Roußeau,
noch Hume, haben je eine Regimentsver=
faßung erkünstelt, welche frei von Gebrechen
und Widersprüchen wäre; alle wiegen sich
in verschiedenen Zeiten nach Anarchie, oder
Knechtschaft hin; oft sind die Mittel gifti=
ger, als die Krankheit; wenn man es zu=
geben muß, daß Freiheitsliebe bei diesem
Volke zur unanständigen Schimpfsucht artet,
so dulden die Britten auch wieder, daß man
sie, in dringenden Staatsgefahren, wie Ne=
gersklaven, zum Dienste preßt.

In den bittersten Schriften dieser Zeit
wird jedoch der persönliche Charakter des
Königs geschont. Wahre Tugend erzwingt
unwillkührliche Ehrfurcht, und schreckt auch
die

die verwegenſte Bosheit zurück. Alle Un-
zufriedene geſtehn, daß er ſeine hohe Pflichten mit warmer eifriger Treue erfüllt. Er
hat ſeinen Tag nach einer ſtrengen Ordnung
vertheilt, und verſchwendet für ſich nicht
eine Stunde, welche ſeinem Volke gehört.
Kein Staatskundiger in dieſem Lande iſt
gründlicher, als er, von dem Zuſtand der
Finanzen, der Flotte, der Kriegsmacht unterrichtet. Wer den täglichen Wandel dieſer
Gegenſtände und ihren weiten Umfang kennt,
begreift es kaum, daß er auch ſeine deutſche
Staaten mit einer gleich eingreifenden, durch-
ſchauenden, alles umfaßenden Sorgfalt regiert: und dennoch iſt er nur bei ſeinen Miniſtern, im Rath, und in St. James König; er erübrigt ſich Zeit für den Genuß des
häuslichen Glücks. In der Königin Palaſt

M 2   iſt

ist er Freund und Beschüzer der Wißenschaften und Künste, liebevoller Vater und zärtlicher Gatte. Wahre Freuden der Ehe gedeihen selten am Thron: aber selbst in der Hütte würde so ein Paar die Ehrfurcht des Weisen verdienen. Charlotte verherlicht die Wahl des Monarchen durch ihre sanfte, Herzen gewinnende Gaben. Sie wandelt in einer verdorbenen Zeit, im Gewühl der Hofintriguen und Künste, mit einer Grazie, welche den Weltmann entzückt, und einer Tugend, die den Himmel befriedigt.

Ich habe vor wenig Tagen ihren Palast mit einem lebhaften Vergnügen besehen. Unten wohnt der König, im zweiten Stock die Königin; die obern Zimmer sind einer Büchersamlung gewidmet, welche merkwürdiger durch ihre Wahl, als durch ihre Menge, ist.

ꝛc. Hier fehlt der Raum für den Haufen
Müßiggänger, welcher sonst in den Schlößern
der Könige wimmelt; außer der königlichen
Familie ist nur für unentbehrliche Bediente
Plaz. Sie glauben in dem reinlichen Hause
eines weisen, begüterten Privatmanns zu
sein; was vielleicht allein den Besizer ver-
räth, sind die herlichsten Werke der Kunst,
welche man aus allen Schlößern hier versammelt und zum täglichen Genuß aufgestellt hat.

In den Königspalästen hat mich immer
der Misklang zwischen Pracht und Mangel,
die wenige Achtung für Einheit im Ganzen
beleidigt; vergoldete Gemächer und schlech-
tes Geräth, überladene Kabinetter und öde
Säle, neuer und veralteter Zierrath, Verschwendung ohne Bequemlichkeit: alles trägt

M 3   das

das Gepräg mannichfaltiger Launen, je nachdem Marschälle, Günstlinge, Hofintendan-
ten ihr kurzes Dasein verewigen wolten;
hier aber athmet durch alles der Geist des
Monarchen, vernünftige Wahl und gefällige
Ordnung, ein sanfter geläuterter Geschmack.

Ein rechtschaffener Mann, und noch vielmehr ein tugendhafter, rechtschaffener König, ist Gottes erhabenstes, edelstes Werk.
Ich werde nie an Georg den dritten, als
mit der reinsten Verehrung, denken; dem
ungeachtet ist es möglich, daß seine men-
schenfreundliche Regierung für England nicht
die glücklichste sein kan. Großbritannien
nähert sich der Epoche, in der sich Rom befand, als Asien geplündert war. Seine
Triumfe im leztern Kriege, die Eroberungen in Indien haben Reichthum und verdorbene

Urbene Sitten, Ueppigkeit und Hochmut verbreitet.

Heldenkraft eines Volks wird durch Widerstand genährt, und ermattet jenseit des Zieles. Dieser Staat ist auf dem Punkt der Reife, welcher an das Verwelken grenzt. Eigener Troz und fremder Neid, Ohnmacht und Verachtung aller Gefahren; nehmen in bedenklichen Verhältnißen zu.

Diese periodische Flut und Ebbe, welche alle Staaten fortreißt, hält keines Königs Weisheit auf, weil die Vorsehung keiner Tugend einen Freibrief gegen ihre Rathschlüße verleiht. Aber auch unter widrigen Schicksalen stralt diese Tugend auf die Folgezeit, und die Geschichte sondert das Verdienst des Monarchen von seinem Glück.

M 4   Sechster

Sechſter Brief.

Paris den 5. Nov. 1768.

In Mariettens Kabinet befinden ſich, unter vielen., aus Crozats Samlung gekauften Schäzen, auch eine Anzahl Zeichnungen von Raphael, deren einige vormals der Königin Chriſtina gehörten, und zum Theil mit ihrer Hand bezeichnet ſind.

Zwei darunter machten mich aufmerkſam. Sie ſind ſorgfältig mit der Feder entworfen, und ſtellen beide einerlei Gruppe rathſchlagender Perſonen vor; auf der einen ſind die Figuren nackt, auf der andern die Gewänder behutſam über das Nackte gelegt. Ich folge gern dem Künſtler von ſeiner Darſtellung zurück, durch alle Momente der Ent=

wicke=

wickelung, bis zur Empfängniß des ersten
Gedankens; denn, nicht wenn man die vollendete Schöpfung, sondern wenn man werden sieht, enträzelt man den Gang des Geistes, und die Geheimniße der Kunst. In
der ersten Zeichnung war Raphael dreimal
mit dem einen Arm unzufrieden: erst war
die Bewegung zu heftig für die ruhige Stellung der Person; eine andere Richtung lief
zu gerade mit dem Arm einer nahestehenden
Figur; eine dritte mehr ausgestreckte ließ
eine harte Lücke übrig, und vereinigte die
Gruppe nicht; nur die vierte gelang, und
blieb, mit harten, gleichsam unwilligen
Strichen, entschieden. Die Falten auf der
zweiten Zeichnung sind verständig, nach den
Schwingungen des Kontours, in große
Maßen geordnet; da das Nackte unter den

Falten

Falten liegt, so werden die Brüche anschau=
lich durch die Lage und Bewegung der Glie=
der gewirkt. Einige dieser Brüche sind nicht
jezt entstanden, sondern durch eine vorherge=
hende Richtung gebildet: man kan aus die=
ser Skizze eine Stelle von Mengs erklären,
wenn er rühmt, daß man in Raphaels Fal=
ten entdecke, in welcher Lage das Glied vor=
her gewesen sei. Raphael entwarf die Gruppe
zweimal nackt, und ließ die eine unbekleidet,
um zu vergleichen, scharf zu prüfen, ob das
Gewand dem Körper überall mit Anstand
und Liebe folge', und keine Schönheit ein=
hülle. Nun war der Gedanke berichtigt;
der Künstler führte mit Sicherheit aus, aber
ohne Frechheit der Hand, mit einer bedächt=
lichen Festigkeit. Sie finden in Raphaels
Arbeit die wilden Pinselklekse nicht, die man

als

als eigenthümliches Gepräg der größten Meister anstaunt; er war immer schwer mit sich
zufrieden, und blieb noch als Sieger bescheiden im Wettstreit mit der Natur. — Also
allerdings ein dürftiger Kopf: das Genie
schafft, es veranstaltet nichts; es bildet und
künstelt nicht; es ruft allmächtig seine Wesen aus dem Chaos hervor; seine Werke sind
Früchte aus den Gärten des Himmels, die
ohne Baum und Blätter treiben. Klopstock,
der ein halbes Leben feilte, Laokoons Schöpfer, der Jahre lang gehämmert hat, um,
durch sanfte, langweilige Meißelschläge, den
athmenden Stein mit einer weichen Men-
schenhaut zu umgeben, sind Ciselirer, keine
Genies. Die Bouchers, die De Hans,
die la Grenées zaubern fertiger Götter- und
Menschengestalten aus einer Feenwelt herab;
diese

diese gaukeln dann in behaglichen Krämpfen
auf lauter Purpurwolken, schweben in der
goldenen Morgenröthe, in gewebte Luft gekleidet, und auf ihren durchsichtigen Kör-
pern spielen alle Regenbogenfarben. Freilich, wenn, nach Jahrhunderten, der For-
scher noch andächtig bei Raphaels Federstri-
chen weilt, so wandelt er die bunte Tapete
mit kaltem Widerwillen vorbei.

Bouchardon war Mariettens Freund,
und hat ihm den größten Theil seiner Zeichnungen überlassen. Hier ist noch hohe Ein-
falt, gemäßigter Ausdruck, Bedeutung,
Ebenmaaß und edle Form; dennoch werfen
ihm eigensinnige Kenner vor, auch er habe
um den Weihrauch seiner Zeit gebuhlt, seine
Umriße zu schlaff geschwungen, zu weich
und rundlich ausgeführt; aber unter diesem

verjär-

verzärtelten Volk war gleichwol Bouchardon
der lezte Römer: neben den Pigalles und
den le Moines ragt er, wie ein freier Se=
nator unter den Höflingen der Kaiser, her=
vor. Hier steht von ihm, der Ewigkeit hei=
lig, der Brunnen in der Straße Grenelle,
und Ludwig des XV. metallenes Bild. Er
war stolz auf seine Kunst, und verachtete
den Neid. Ihn quälte nie ein fremdes Ver=
dienst; er konte haßen und gerecht sein.
Man trug ihm die Bildsäule Friedrich des
Fünften in Dännemark an: „ich,“ gab er
zur Antwort, „habe nun mein Tagewerk
vollbracht, aber ich empfehle Saly, einen
jungen Künstler, der es nicht schlechter ma=
chen wird, als ich;“ und Saly war sein er=
klärter Feind.

Von

Von Mariettens Kupfersamlung ist es
schwer einen Begriff zu geben. Sie ist unstreitig die reichste, die je ein Privatmann
besaß; sein Großvater und Vater haben bei
ihrem weitläuftigen Büchergewerbe auch mit
Kupferstichen gehandelt; er und sein Vater
wurden zur Einrichtung großer Kabinetter
gebraucht; in einer Zeit von mehr als hundert Jahren haben sie immer geringere Ab-
drücke gegen beßere vertauscht; die berühmtesten Werke sind vollständig; es fehlt nicht
ein wichtiges Blatt, und die seltensten sind
beßer erhalten, als in des Königs Samlung. Ich habe hier korrigirte Probedrucke
von Albrecht Dürer, und Pontiusse und
Vorstermanne von Rubens Hand retuschirt
gefunden.

Es

Es iſt eine Freude mit dem Beſizer zu leben. Jezt noch in ſeinem Alter genießet er mit Entzücken die Wolluſt, welche das Gefühl höher Vortreflichkeit gewährt. Ge‡ fallen an Schönheit erhält den Geiſt in ewiger Jugend. Wir betrachteten neulich mit einander den Palaſt Lambert, wo le. Sueur und le Brün um die Wette malten, und der erſte den Preis für alle Zeiten da‡ von trug. Sie hätten ihn da ſehen ſollen, wie er, mit aufwärts gewandtem Kopf, den Göttiunen an der Decke ſeine Liebe dichteriſch erklärte, und ſich über meine Theilnehmung freute. So ein glücklicher Greis beſtätigt, was Cicero ſagt: die Müh‡ ſeligkeiten des Alters ſind kein unvermeidli‡ ches Elend. Wir vernünfteln eine Menge Uebel in das ganz erträgliche Leben hinein;

auch

auch dieser Epoche hat die Natur ihre eigenen Freuden zugemessen, und nicht, wie
ein schlechter Dichter, den lezten Akt im
Drama verhudelt.

Neuere Anmerkung zu diesem Brief über ein Paar Stellen von Mengs und Leßing, Raphaels Falten betreffend.

Mengs sagt: Alle Falten bei Raphael
haben ihre Ursachen, es sei durch ihr eigen
Gewicht, oder durch die Ziehung der Glieder. Manchmal sieht man in ihnen, wie
sie vorher gewesen. Raphael hat auch sogar
in diesem Bedeutung gesucht. Man sieht
an den Falten, ob ein Bein, oder Arm,
vor dieser Regung, vor oder hinten gestan-
den, ob das Glied von Krümme zur Aus-
streckung

ſtreckung gegangen, oder geht, oder ob es ausgeſtreckt geweſen und ſich krümmte.

Leßing führt dieſe Stelle im Laokoon an S. 179, und ſezt hinzu: Es iſt unſtreitig, daß der Künſtler in dieſem Falle zwei verſchiedene Augenblicke in einen einzigen zuſammenbringt. Denn da dem Fuße, welcher hinten geſtanden, und ſich vor bewegt, der Theil des Gewands, welcher auf ihm liegt, unmittelbar folgt; das Gewand wäre denn von ſehr ſteifem Zeuge, das aber eben darum zur Malerei ganz unbequem iſt: ſo giebt es keinen Augenblick, in welchem das Gewand im geringſten eine andere Falte machte, als es der jezige Stand der Glieder erfodert; ſondern, läßt man es eine andere Falte machen; ſo iſt es der vorige Augenblick des Gewandes, und der jezige des Gliedes; dem

Erſter Theil. N   unge-

ungeachtet, wer wird es mit dem Artiſten
ſo genau nehmen, der ſeinen Vortheil dabei
findet, uns dieſe beiden Augenblicke zugleich
zu zeigen? wer wird ihn nicht vielmehr
rühmen, daß er den Verſtand und das Herz
gehabt hat, einen ſolchen geringen Fehler zu
begehen, um eine größere Vollkommenheit
des Ausdrucks zu erreichen.

Alles ſcharfſinnig geſagt! aber Raphael
beging keinen Fehler, und zeigt auch nicht
zwei Augenblicke zugleich. Wer ſeinen Arm
im Schlafrock, oder in irgend einem weiten
Gewande, ſo bewegt, daß er einen ſcharfen
Winkel mit dem Ellbogen macht, bringt
Falten in der Beugung hervor, deren einige
bleiben, wenn der Arm wieder langſam
ausgeſtreckt wird. Ein Frauenzimmer im
taffeten Kleide wird im Gehen mit dem
Knie,

Knie, welches vorschreitet, eine Bucht ins
Zeug drücken, von der noch Spuren übrig
sind, wenn der andre Fuß schon nachkömt.
Es war also kein Künstlerkniff, kein Betrug,
um einen größern Ausdruck zu erreichen, sondern wahr geschilderte, nachdenklich gewählte
Natur; dadurch wird Bewegung angedeu-
tet, indem man Falten ausdrückt, die, ohne
eine bestimte vorhergegangene Bewegung,
nicht da sein könten. „Aber nur im steifen
Zeuge,“ wird Leßing antworten, „das in
der Malerei nichts taugt.“

Die guten Maler aus der römischen
Schule ahmten, wie Reynolds richtig an-
merkt, keinen Stoff, keine Zeuge nach;
man unterscheidet weder Tuch, noch Seide;
es sind Falten, es ist Draperie, und die Ur-
sache leuchtet ein. Ich seze sie nur darum

her, weil ich mich nicht erinnere, sie irgend:
wo gelesen zu haben. Man kan die Gat:
tungen aller Zeuge bis zur höchsten Täu:
schung nachäffen; aber die Menschengestalt,
die Farbe der Haut, die unendlichen Nüan:
cen des Fleisches, in verschiedenen Geschlech:
tern, Altern, Leidenschaften, nach dem
Grade der Beleuchtung und Haltung, blei:
ben immer, gegen die Natur, nur ein ähn:
liches Bild, ein Konterfei, Similitudo.
Darum sizen denn auch die gemalten Bilder,
in Rigauds und Battonis Werken, in wirk:
lichem Sammt von Genua und in Lionner
Atlaß; die Zauberei des Zeuges entzaubert
die Figur. Der weise Künstler opfert die
Manufakturvortreflichkeit auf, weil sie höhere
Zwecke vernichtet. Raphaëls Gewänder sind
keiner Weberei nachgepinselt, sondern Ideale,

aus

aus verschiedenen Arten zusammengesezt,
zwar große glanzlose Maſſen, wie im wollenen
Zeug: aber, weil die Falten in Flanellen und
Tüchern nur ſtumpf und rundlich brechen,
und durch ihre Schwere gezerrt ſind, ſo ar=
ten ſeine Falten mehr nach mäßig geſteiftem,
ſeidenen Stoff; da bilden ſich die Triangeln
ſchärfer, und die Parthien ſezen ſich em=
pfindlicher ab. In dieſer angenommenen
Natur konten allerdings im jezigen Augen=
blick noch Falten ſichtbar bleiben, welche
die vorhergegangene Bewegung des Glieds
hervorgebracht hatte.

Ich bitte Leßing, meine Meinung zu prü=
fen, und dann zu entſcheiden. Wenn ich mit
ihm uneins bin, ſo traue ich meinem Urtheil
nicht. Ich weis meinen Freund nichts zu leh=
ren, aber lerne täglich von ihm.

Sieben=

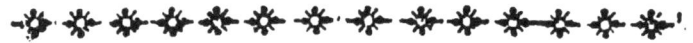

Siebenter Brief.

Paris den 12. Nov. 1768.

Das Schauspiel der Moden beluſtigt in
Frankreich mehr als irgendwo, weil es, wie
die Bilder einer Zauberlaterne, abwechſelt,
und nie ſo einförmig wird, als unſre Nachahmung. Mancher deutſche Hof in ſeiner
Gala ſieht aus, wie ein Aſſortiment Dresd-
ner Puppen aus Einer Form und von Einer
Glaſur. Eine junge Franzöſin iſt ehrgeizi-
ger; ſie erfindet ihren Puz ſelbſt, oder ändert die Mode nach ihrer Geſtalt, und verſteht mehrentheils ihren Vortheil. Auf einem Ball bei dem Prinzen Soubiſe ſah ich
alle junge Damen verſchieden gekleidet; jede
war auf eine eigenthümliche Art aufgeſezt,

garnirt

garnirt und verziert. Freilich wird ein neues
Kopfzeug so ernsthaft untersucht, wie ein
neues Drama; und wenn manche Erfindung
ihre Jahrszeit durchlebt, so fallen auch an=
dere am Tag ihrer Geburt.

Alles, was für den Nachttisch bestimt
ist, gehört hier ins Gebiet des Genies. Es
giebt in Paris Artistes en fait de Juppes à
baleine und Artistes perruquiers. Die Aka=
demie der Wissenschaften untersucht nicht im=
mer Maschinen, um Pfröpfe aus Bouteil=
len zu ziehen; [1]) sie erhebt sich oft zu ge=
meinnützigern Gegenständen, und ernennt
Kommißäre, um einen neuen Lockenbau zu
prüfen. Mir ist folgendes ehrenvolle Zeug=
niß bekant: L'Académie ayant examiné
les ouvrages du Sieur Garaſſe, Artiſte co-

ëſſeur

___

[1]) S. Hogarth's Mariage à la Mode.

œfeur des Dames, elle attefte la folidité
de fon tiffu, reconnoit l' élégance de fes
formes & applaudit à fon zele ingénieux.
Leider hilft das Brevet dem Künftler nicht
immer; man appellirt von der Afademie an
eine Tänzerin.

Ich ging geftern zu einer berühmten
Modehändlerin, welche Puppen durch ganz
Europa verfendet. Hier fah ich mit Unmut
ein Heer Automaten, furchtbarer für uns
als ein gallifches Kriegsheer, weil es uns
fchon Jahrhunderte lang brandfchazt. Eine
Puppe kam mir vorzüglich abgefchmackt vor:
ift fie verkauft? fragte ich. Oui, Monfieur,
elle eft deftinée pour le Nord, où l' on
aime les couleurs fingulieres & le merveil-
leux. Aber hat man fich in Paris je fo ges
fleidet? Eh, mon Dieu, non, Monfieur!
mais

mais on a des magazins à vuider, il faut
de la varieté, & il s' agit de satisfaire au
goût de chaque nation. Ich ward erbit-
tert bei dem Gedanken, daß vielleicht bald
die Puppe im Puzzimmer einer deutschen
Prinzeßin anlangt; daß sie dann den Hof
und die Stadt umbildet, und ganze Gars-
deroben zum Trödel verurtheilt; daß sie
manchem Ehemann heimliche Seufzer, mancher modesiechen Frau ihren Schlaf kosten
wird; daß sie Freundschaften trennt und
Gallenfieber ausbrütet, diese misgestaltete
Brut der Phantasie eines elenden Weibes,
das, von ihrem Boden herab, uns plündert
und verspottet.

Zum Theil sind wir durch die Angloma-
nie der heutigen Franzosen gerächt. Sie
treffen überall auf wandelnde Riding-Coats,

N 5   in

in deren Falten ein gebrechliches, übel ebäur
hirtes, halb wieder aufgelöstes Wesen zapr
pelt, oder auf englische Fuhrwerke, überr
thront von einem Kutscher aus der Titanenr
familie, der Streitrosse mit einer Donnerr
stimme lenkt; hintenauf haben sich noch ein
Paar Riesen gelagert; nebenher springt nicht
selten ein furchtbarer Hund, und in einer
Ecke des Kastens werden Sie das einballirte
Restchen einer alten Familie gewahr — es
jammert Sie des mit Ungeheuern umringten
Pigmäen.

Zu gleicher Zeit wimmelt's von Engländer
dern hier, die durchaus Pariser Stuzern
ähnlich sein wollen. Nichts ist hudibrastir
scher, als ein nerviger Britte, wenn ihn
sein Schneider französisch aufgezäumt hat,
und er sich bäumt und sträubt im ungewohnr

ten

ten Zeuge, wie ein ungebrochnes Pferd im Schlittengeschirr. Sonderbar ist es, daß die Söhne der Freiheit sich knechtisch unter jede Mode bequemen, und daß der unterthänige Franzos immer eine Nationalverzierung anbringt. Er steckt in seinem Reitknechtshabit einen großen Blumenstrauß an die Brust, und hinter seinem Nacken schwillt der kleine englische Kadogan zur Größe eines Puddings. Wenn Miß ihren mit einer Rose geschmückten Chip-Hat auf die Mitte ihres braunlockigen Kopfs sezt, so hängt der Chapeau à l' angloise schief auf der gepuderten Französin, und die Rose wird zur Guirlande. Auch die gerühmten Kostumetrachten auf dem hiesigen Theater sind alle so durchfranzösirt, daß sie nicht mehr kentlich sind.

Ich

Ich schweige von meinen Landsleuten; ihre Misgestalten belustigen mich nicht. Es geht mir nahe, manchen mit dem Clinquant aller Nationen ausstaffirt zu sehen, wie einen von Europäern beschenkten Wilden; zu hören, wie man es belacht; daß ein ehrlicher Deutscher immer jede neue Thorheit auf sich pfropft. Viele sind mit einer allgemeinen Musterkarte drapirt, und tragen ihre Reisegeschichte auf sich herum; man kan ihnen, von ihrem Hut zu den Stiefeln, aus Italien, durch Frankreich, nach England folgen, und durch die bunte Lasur leuchtet oft eine herbe Grundfarbe von Studenteneleganz durch. Warum reisen wir nicht später, wann Kopf und Herz fester sind? Nun flattern wir in die Welt, wie ein weißes Blatt, das jeder Thor mit seinem Wahn

wiz befleckt, und oft mit unauslöschlicher Schrift.

Ich preise unsre Landsmänninnen. Sie haben doch der Schminke widerstanden. Hier ist sie nicht mehr Koketterie, sondern nothwendiger Theil des Anzugs. Neulich entlief mir eine Dame im Begriff in den Wagen zu steigen, und rief mit aller Würde des tragischen Entsezens: ah grand Dieu! j' ai oublié mon rouge. Nur verächtliche Dirnen ahmen in Frankreich durch das Roth die Farbe der Natur nach; une honnête femme met le rouge à tranchant. Sie trägt nämlich unter jedem Aug einen scharf abgeschnittenen karmosinfarbigen Fleck auf. Ich finde diese Flecken leidlicher auf einem ledderfarbenen alten Gesicht, als auf jugendlichen Wangen, weil sich auf jenem die Nüance

sanfter

ſanfter vereinigt. Welchen Unſinn man nicht
aus Gewohnheit erträgt! Wer zuerſt ſeinen
Kopf in einem Mehlſack herumkehrte, und
es wagte in einer ehrbaren Verſamlung zu
erſcheinen, würde zuverläßig dem Arzt em:
pfohlen; und wir lachen über die Römerin:
nen und ihren Puder aus Goldſtaub, über
die ſchwarzen Zähne in Indien, über die
gelben Finger in Aegypten? Ich ſah ein
Bild einer bekanten Schönheit aus der Zeit
Ludewigs des XIV, als Göttin der Liebe in
einem Wagen von Tauben gezogen — mit
einer Fontange. Das ging an im großen
Jahrhundert des Geſchmacks. Wie ſehr
muß alles Gefühl abarten, eh der weſpen:
artige Leib unſrer Mädchen gefällt, eh wir
uns mit den Reifröcken ausſöhnen, die ein
engliſcher Schriftſteller ein verkehrt angeleg:

,tes Festungswerk nennt! Als die Frau eines
dänischen Konsuls die Gemahlin des Kaisers
von Marokko besuchte, fühlte diese neugierig auf dem Reifrock herum, und fragte voller Erstaunen: „bist du das alles selbst?"
Unsere Mütter hatten ihre Außenwerke, nicht
viel scharfsinniger, hinten angebracht. Es
sind noch Strafgeseze gegen den widernatürli-
chen Prachtgeschwulst übrig. In Franz des
Ersten Zeiten ließ sich jeder ehrbare Mann
barbiren, und nur die Stuzer trugen Bärte.
Ich finde in einer Stelle des Ben Johnson,
daß eine Tobakspfeife damals unter die Nip-
pes eines zierlichen Herrn gehörte, und daß
man sie am weiblichen Nachttisch mit eben
dem wichtigen Anstand, wie jezt eine Riech-
flasche, herauszog. Als Madame de Mon-
teville den Hof der Infantin und künftigen

Ge-

Gemahlin Ludwigs des XIV. sah, war es
Mode bei den spanischen Damen, die Brust
zu bedecken und den Rücken zu entblößen. Es
verdient bekanter zu werden, daß vor einigen
Jahren eine Französin, auf dem Spazier-
gang des Palasts von Orleans, mit lilasfar-
bener Schminke erschien, und es ist unbegreiflich, daß der Versuch ohne Nachahmung blieb.

Die Geschichte des Menschen ist oft dem
Tageregister eines Bedlams ähnlich; sie erzählt die Visionen der Kranken. Was uns
heut als Triumf des guten Geschmacks vor-
kömt, sinkt vielleicht morgen zum Unsinn herab. Wir gähnen bei dem Wiz unsrer Väter;
merkt's euch, ihr Lustigmacher des Haufens,
die ihr von Ewigkeit träumt!

Achter

Achter Brief.

Paris den 16. Nov. 1768.

Madame Geoffrin, die ihr großes Vermögen gastfrei und edel genießt, giebt wechsels-
weise an Gelehrte und Künstler, zweimal
die Woche, eine Tafel von mehr als zwan-
zig Gedecken, und bittet jedesmal Fremde
dazu; diese müssen ihr aber durch alte Freunde empfolen sein.

Hier wird man mit merkwürdigen
Männern bekant; Alembert, Helvetius,
Marmontel, Mariette, Cochin, Souflot
Vernet, sind ihre gewöhnlichen Gäste. Es
ist Sitte, daß jeder für seine Zeche eine
Neuigkeit mitbringt; da trägt man Verse
und Prose, Manuskripte und Bücher, Ge-

Erster Theil.   O   mälde,

mälde, Vasen und Büsten zusammen. Wir
haben gestern Hamiltons Hetruszische Gefäße, la Chappe's franzöfirtes Siberien, [1]
ein Blumenstück von Bachelier, und einen
Frauenskopf von Pigalle gerichtet. So eine
Ausstellung wird Reiz und Nahrung des
Geistes, man entfaltet und berichtigt die
Begriffe des Schönen, der Kenner wird
durch das Urtheil einer solchen Versamlung
geübt, so wie ihr Beifall den Künstler belohnt; ein Fremder erntet hier Unterricht,
ohne

[1] Dieser tiefsinnige Mann reiste auf einem
Schlitten in wenig Monaten durch Siberien,
und lernte nicht allein Sitten, Gebräuche, Verfassung und Geseze kennen, sondern beschrieb
auch die Erdschichten einige Klaftern tief, in
einer Strecke von viel tausend Werften, und
ließ nach seiner Erzählung, in Frankreich
rußische Figuren stechen.

ohne Verschwendung und Ciceronen, im Ge=
nuß der gesellschaftlichen Fröhlichkeit.

Von der Wirthin macht man sich in an=
dern Ländern ein seltsames Bild. Eine sil=
bergraue Dame, die ohne Geburt, und ohne
Bücher zu schreiben, Genies und Fürsten
an sich zieht, muß, denkt man, entweder
der erste Geist in der Nazion, oder vielleicht
ihr Koch der größte Künstler sein. Allge=
mein glaubt man doch eine hochtrabende Pre=
ticuse zu finden, die für ihre Gerichte Weih=
rauch begehrt, und in einem Kreise von
Schmarozern, durch flache Wizeleien, den
Ton giebt. So schildert sie wirklich eine Le=
gion erzürnter Skribenten, die niemals ein=
geladen werden; denn es giebt eine Gattung
wiziger Köpfe, welche andern lieber Unsterb=
lichkeit, als ein gutes Mittagsessen, gön=

nen. Ich erwartete wirklich etwas dergleichen, und ward nicht wenig betroffen, als mich eine gutmütiggrämliche Matrone empfing, die sich weder ziert noch zurecht sezt, ihr Gespräch mit keiner Redensart anhebt, und gleich durch ihre runde Höflichkeit einnimt. So bleibt sie im Umgang mit Bekanten und Fremden, und man wird nicht den entferntesten Anspruch auf Gelahrheit gewahr.

Bloß aus Neigung zum Schönen und Guten, hat sie, von Jugend an, die Gesellschaft verdienstvoller Männer gesucht; ihr aufgeklärter Verstand wird von ihren Freunden nicht höher, als ihre Tugend, geschäzt; sie hat zwar viel geforscht und gelesen, aber nicht in der Absicht, um Sisteme zu bauen, und Blumen für den Vortrag zu sammeln;

sondern

sondern Kraft und Geist, Philosophie des
Lebens hat sie aus ihren Büchern geschöpft.
Noch schweigt sie lieber, als sie mitspricht,
und spottet oft selbst über ihre Unwissenheit,
wenn sie Namen und Zeiten verwechselt,
und Kunstwörter unrichtig anbringt. Ihre
Sprache hat sich allerdings im Kreise scharfsinniger Menschen verfeinert; dennoch ist
ihr Ausdruck weder erborgt, noch gesucht;
sie urtheilt immer mit heller Vernunft, nimt
Theil, begreift und übersieht verwickelte viel-
seitige Fragen; oft hört sie einer tiefen Untersuchung mit scheinbarer Gleichgültigkeit
zu, sagt dann ihre Meinung mit wenig Worten, und man findet die Sache erschöpft.
Sie scherzt mit einer ernsthaften Miene, ha-
dert zuweilen mit einer launigen Wendung,
und versteht es, Verweise so anzubringen,

O 3   daß

daß man sie dafür noch lieber gewint. Neu:
lich sagte sie dem Prinzen E. einem dreizehn:
jährigen muntern Knaben, und Sohn der
noch immer schönen Madame de Saches,
weil er mutwillig war: „que lorsqu'on est
„Prince, il faut être aimable, ou vous au-
„riés tort d' être né dans ce rang.“—

„Mais comment faire, Madame?“—

„Soyés auſſi poli & auſſi ſage, que votre
„Mere eſt belle, & nous vous aimerons.“—

Folgendes Urtheil von dem schlüpfrigen
Crebillon wird Ihnen gewiß nicht misfallen.
Es war die Rede von seinem neuen ehrba:
ren Roman, den Briefen de la Ducheſſe
de R. die niemand lieſt, weil ſie langweilig
ſind, obgleich alles züchtig und tugendhaft
zugeht.

· : Ce Poliſſon, ſagte ſie, vivoit autrefois
dans une ſociété de femmes libres, où il
brilloit par la Catinerie de ſes propos: ſes
ordures lui ont fait une reputation ; mais
on eſt bien à plaindre, lorsqu'on n'a que
cette vilaine ſorte d' eſprit. Vous voyés,
que dans un age plus mûr, il a voulu écrire
comme un honnête homme, & il a fait un
plat ouvrage. Un chaſte Roman de Crebillon eſt, comme une Epigramme ſans
pointe.

: Ich ſage nichts von ihrem moraliſchen
Werthe. Sie wird von allen ihren Bekanten und Hausgenoßen geliebt, von den Armen angebetet; ihre Kaſſe iſt allen Unglücklichen offen; ſie unterſtüzt das beſcheidene
Verdienſt, und weis ihm Schamröthe und
Dank zu erſparen. Ihre Wohnung allein

O 4   verdient

verdient den Besuch eines lernbegierigen Fremden; sie enthält Meisterstücke französischer Künstler. Ihre Treppe wird von zwei marmornen Kariatiden von dem berühmten Saly getragen. In ihren Zimmern hängen die Gemälde der Korintherin und Athenerin, und die opfernden griechischen Mädchen von Wien, welche Flipart in Kupfer gebracht hat. Sie besizt herliche Landschaften von Vernet, unter andern die Schäferin der Alpen, nach einer Erzählung von Marmontel, verschiedene Stücke von Vanloo und Greuze, und alle Originalzeichnungen von Cochins Profilen berühmter jezt lebender Männer.

Unter den Fremden, welche man gewöhnlich hier antrift, ist ein edler deutscher Prinz, der mich auf unsere Fürsten stolz machen würde, wären mir viele von dem Gehalte bekant.

hotant. Seine bescheidene Tugend wird,
ohne mein Lob, hervordringen und glänzen,
zur Ehre des Vaterlands. Alle vornehme
Polen besuchen die Freundin ihres Königes.
Wir sehen hier täglich den Prinzen Adam
Czartorinsky, der von den besten Menschen
in Europa geschäzt wird.

Einen beständigen Gast der Madame
Geoffrin und meinen Liebling sondere ich mit
Partheilichkeit aus; dies ist der Abt Galiani,
ein Neapolitaner und Gesandschaftssekretär
seines Hofes. Ich kenne Niemanden, dem
man lieber begegnet, den man gieriger hört,
der so unumschränkt herscht in der besten Gesellschaft, ohne Mißvergnügte zu machen.
Er hat wenig [2]) geschrieben; aber alles solte

O 5 man

2) Damals nur ein statistisches Werk della Mo-
neta. Nun sind seine Dialogues sur le com-
merce

man drucken, was seinen Lippen entfällt:
denn es ist treffender Wiz, Schlag auf Schlag,
Spott, der nicht beleidigt, und Gelehrsam-
keit und Menschenkentniß, so leicht und spie-
lend ausgegossen, als wär es alltäglicher
Hausverstand. Was er sagt, ist so einzig
und eigen gestempelt, daß man über die al-
lerbekanteſten Dinge etwas nie gehörtes erfährt; in seinem wunderbaren Gedächtniß
erhält sich alles ohne Wandel und Abgang;
er hat alles gelesen und durchforscht, von
den Kirchenvätern an, bis zu den Feen-
mährchen, und lieſt jezt nichts mehr, wie er
drollig versichert, als den Almanach; denn
es iſt, nach seiner Meinung, das einzige
Buch,

merce des grains bekänt; und ich kenne noch
ein kleines theatralisches Stück, der neue Sokrates, das ohne seinen Namen herauskam.

Buch, welches unwiderlegbare Wahrheit enthält.

Von den Franzosen will ich ein andermal reden. Wer die Nazion will schäzen und lieben lernen, muß dieses Haus nicht vorbeigehn. Die Hauptstadt vollendet den Mann von Geschmack, und hier ist die Auswahl der seltensten Geister, die Paris in seinem Umfang einschließt. Es ist nun schon allgemeiner Glaube, daß die Freundschaft der Madame Geoffrin den Ruf vorzüglicher Gaßen bestätigt.

Neunter

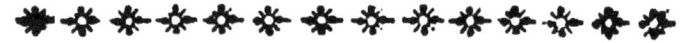

Neunter Brief.

Paris den 20. Nov. 1768.

Wer Lust hat einen Weisen zu sehen, un=
ter diesem sibaritischen Volke, der nahe sich
ehrerbietig, wie man sich den Gängen der
Akademie zu Platons Zeiten nahte, um fünf
Uhr Nachmittags den Zimmern der Made=
moiselle de l' Espinasse, wo, in einem aus=
erlesenen Zirkel, Alembert erscheint. Dies
ist der Mann, der aus sich selber Fülle der
Zufriedenheit schöpft, der, wie Cicero sagt,
omnia sua in se posita esse, humanosque
casus virtute inferiores putat.

Er hat über den Werth der menschlichen
Dinge seine Prüfung vollendet, die Gren=
zen unserer Erkentniß umwandelt, und be=

stimt,

fimt, mit mathematiſchem Scharfſinn,
wo Wahrheit und Träume ſich ſcheiden.
Wenn er, mit Bakons hellem Blick, alle
Wiſſenſchaften durchſchaut, überall entdeckt,
berichtigt, aufklärt, ſo übertrift er den
Britten, durch ſeinen Geſchmack, durch ſein
feines Gefühl des Schönen, und durch die
Unſchuld ſeines Lebens. Er iſt eher kalt, als
einladend; aber darum iſt Gefühl eigener
Würde nicht Stolz bei dem Mann, der ſich
auf der einmal erſtiegenen Höhe feſt hält.
Strenge Wahl der Geſellſchaft iſt kein Ei-
genſinn, wenn man das kurze Leben nicht
vertändeln will, unter leeren Köpfen, die
ein Kompliment, wie ein Sonnenſtral Mük-
ken, herbeizieht. In dem Kreiſe feiner
Freunde, unter Menſchen, die er ſchäzt,
iſt er gütig, ſanft, beſcheiden; dann theilt

er

er sich mit, hört sittsam zu, ergleßt sich betraulich, und ninit alle Herzen ein. Um die Gunst der Mächtigen buk er nicht, ob er sie gleich nicht cinisch verachtet; aber er glaubt, daß ein wahrer Gelehrter klüger ihren Umgang meidet, weil sich Freiheit nicht mit der nothwendigen Ehrfurcht für ihre Launen vereinigen läßt. Einer lebt indeß, der in allen Kampfspielen der Tugend pulverem colligit olympicum, und Helden:, Bürger:, Dichter: und Weisheitskronen erstegt hat. Friedrich schäzt ihn, und schreibt ihm schönere Briefe, als Trajan dem Plinius schrieb, ohne dafür zu verlangen, daß er ihm eine Lobrede vorlese. Wenn Alembert von ihm, von seinem Aufenthalt in Sans-Souci redet, so glänzt sein Aug, und sein Ausdruck erwärmt sich. „Man kennt,“ sagt er, „diesen König

nig allein durch seine Thaten; die Ge
schichte wird sie nicht verschweigen; aber
was er für die wenigen ist, die mit ihm le
ben, verkündigt sie nicht, wie er dann durch
treffenden Wiz entzückt, durch reine Ver
nunft unterrichtet, allen Gram und alle
Wonne der Freundschaft theilt, zärtlich liebt
und wieder geliebt wird. So ein König,"
spricht er, „steht, für die Menschen, und
für die Menschenherrscher, wie die Regel des
Polyklets für alle Künstler, da."

Katharinens Ruf und sein Entschluß,
ihn abzulehnen, verherrlicht sie beide. Es
war ihrer Tugend gemäß, für ihren Sohn
einen Erzieher zu wünschen, den das Ur
theil von Europa, wie einst das Orakel den
Sokrates, für den Weisesten erklärte; er
aber überzeugt bescheiden, daß er nicht dar
ein

ein willigen durfte: „Warum soll' ich,"
fragt er freundlich, „die Vertrauten meines
Herzens, den Himmel meiner Jugend ver=
lassen, um mich in ein entferntes Land zu
verpflanzen, das mir ewig fremde bleiben
mußte? In meinem Alter hat der Geist
schon unvergängliche Falten, der Geschmack
wird unbiegsam. Ich würde nicht in Ruß=
land gefallen; mir würde dort alles zuwider
sein. Jezt bin ich glücklich; soll ichs drauf
wagen, ob ichs auch im Zwange der Höfe,
unter tausend Gefahren, sein kan? Ueber=
fluß ist äußerst beschwerlich, wenn man nur
gebrauchen, und nicht verwalten mag.
Pracht und Titel reizten mich nicht, oder
ich hätte das Vertrauen der Kaiserin noch
weniger verdient. Es ist wahr, die Philo=
sophie ist alsdann nur schäzbar, wann sie

thätig

thätig wird; eigener Vortheil darf hier nichts entscheiden, und man solte keine Neigungen hören, wanns darauf ankomt, ausgebreitet nüzlich zu sein; aber ich habe meine Kräfte geprüft: alles, was ich in meinen Büchern lernte, ist ein wenig Wissenschaft und Genügsamkeit, nicht die schwere Kunst Monarchen zu bilden.„

Unter den Neuern erinnert mich Niemand so lebhaft, als er, an die Weisesten unter den Römern. So stelle ich mir den Cicero Freund, den Q. Lucilius Balbus vor.[1]) Er mag reden oder schreiben, immer ist es feste strenge Vernunft, Schlußfolge-

tlefte

---

[1]) Qui tantos progreſſus habebat in Stoicis, ut cum excellentibus in eo genere Graecis compararetur. *Cic. de Nat. Deor. L. 1.*

tiefer Unterſuchung; nie wird man gewahr,
daß er einkleiden will; er fällt nicht in den
lehrenden Ton; er ſchimmert nicht, aber
er leuchtet helle; ſein Ausdruck iſt männlich
und ſtark; es iſt immer der Stil, der ſich
genau zum Gegenſtande ſchickt; er greift
nicht nach den bunten Blumen, die man
heutiges Tages über Gemeinſäze ſtreut. Le-
ſen Sie nur ſeine Vorrede zur Enciklopädie,
wie er da, mit Adlerflug, alles Wiſſen über-
ſchwebt und vereinigt, zu der edlen Abſicht,
das Glück des Menſchen zu erhöhn. Als
unſer König die Akademie beſuchte, las
Alembert, wie es die Gewohnheit fodert, einen an ihn gerichteten Aufſaz vor, nicht im
froſtigen Lobrednerſtil, ſondern, unter der
Wendung, ſeine Wißbegierde zu preiſen, war
es Xenophon, der die Regenten unterrichtet.
„Wahr-

„Wahrheit," sagt er, „ist allein unsers
Fleißes, unserer Anstrengung werth; wann
ich eine neue Wahrheit in der Meßkunst
finde, so vertausche ich sie mit keiner Freude;
nicht mit der sinlichen Wollust, nicht mit
dem reineren Vergnügen, das ein Gedicht,
oder ein vollkommenes Schauspiel, gewährt;
denn meine Lust ist keine Täuschung; die
Seele legt zu der Summe ihres Reichthums
etwas wirkliches hinzu. Wer mir," fuhr
er fort, „eine neue Pflanze zeigt, ist mir
lieber, als alle Diaklekter, die über Wahr-
scheinlichkeiten vernünfteln; denn was ist
ihre Philosophie? eine Meinung über Meinungen."

Unter Männern dieser Gattung, und
ihre Anzahl ist nicht klein, lernt man die
Franzosen anders schildern, als es unsere
schreib-

schreiblustige Jugend gewohnt ist. Gesunde nervige Philosophie, aufgeklärte Menschen: liebe erheben jezo dreist ihre Stimmen. Die Nazion thut Riesenschritte, und bebt, im Patrioteneifer, nicht vor der Geißel des Despotismus zurück. Freilich fällt es auf, daß die Regierung Wahrheit verträgt, und ihr nicht folgt, daß sie noch immer kleine Vorurtheile heiligt, und erkante Rechte der Menschheit verlezt. Nach Voltairens, Alem: berts, Diderots und Helvetius Schriften, ist es sonderbar, daß man in diesem Lande die Calas rädert, die Chalotais peinigt, je: dem Verbrecher vor seinem Tode noch die Folter als eine Zeremonie beibringt. Man begreift nicht, wie man nüzliche Bürger, zwar staatsflüg duldet, aber ihre Nachkom: men gesezlich für Hurenkinder erklärt, daß

man

man immer noch Lettres de Cachet ohne
Namen, Billette für die Bastille, wie Thea=
terbillette, an die Minister austheilt, und
das Volk der Raubsucht der Finanzhermandad
ohne Schuz überliefert.   Aber die Aufklä=
rung steigt nur allmählig empor; lange harrt
sie in der niedern Gegend.   Manche Staa=
ten gleichen den Alpengebirgen; wohlthätige
Fruchtbarkeit weilt in der Mitte, und die
Gipfel bleiben kahl.

Zehnter

Zehnter Brief.

Paris den 23. Nov. 1768.

Nach dem Buche de l' Esprit, das Unter=
suchung mit einem reizenden Vortrag verei=
nigt, erwartet man, den Verfasser im Um=
gang glänzend zu finden. Er ist auch ange=
nehm und lehrreich, aber nur so lange, als
man ihn nicht an eben dieses Buch erinnert;
denn sonst durchbrechen Sie einen Damm,
der Wasserfluten zurückhält. Er strömt als=
dann, mit Grundbegriffen, mit Heischesäzen
und Schlüssen, ohne Mitleid auf Sie zu;
sein Sistem umfaßt alles menschliche Wissen,
und er hat es so künstlich in einander verket=
tet, daß man, wie er behauptet, nichts
versteht, wenn man nicht alle Glieder durch=
läuft.

schuft. Nun reißt er Sie fort durch das Labirinth, achtet nicht auf Ihre saure Mienen, dissertirt und demonstrirt, wiederholt sich und berichtigt sich, und wird dunkel, wann er am deutlichsten sein will.

Ein solcher Auftritt ist beschwerlich, aber er läßt sich begreifen und verzeihen; es ist natürlich, daß er sich rechtfertigen will; man hat ihn orthodox gegeißelt, und die Striemen schmerzen noch jezt. Erst fingen sie damit an, ihn vorsezlich unrecht zu verstehn; man trug eine Absicht in seine Schrift, die ihm nicht im Traume beigefallen war; weil er den Eigennuz als Federkraft der menschlichen Thätigkeit ansieht, so erklärte die Geistlichkeit das Wort gehäßig, aus der theologischen Moral; sie gab ihm Schuld, daß er die besten Menschen zu Wucherern

und

und Betrügern machte, daß er alles Verdienst, alle Tugend vernichte; man schob
ihm Kontrabande zu, um ihn dafür auf die
Galeren zu bringen.

Wer gesteht sich nicht in seinem Herzen,
daß Trieb nach Genuß der einzige Grund
aller Wirksamkeit sei? Ein wohlthätiger
Fürst opfert darum nicht Bequemlichkeit und
Kräfte, weil er ein leibeigener Knecht seiner Tugend ist, der sein Tagewerk ohne Be-
zahlung verrichtet. Er fordert eine hohe Belohnung dafür; er ringt nach der Wollust
der Liebe. Der Tirann hingegen giebt Achtung und Sicherheit für die gefährliche Befriedigung hin, kein Gesez als seinen Wil-
len zu erkennen. Alle jagen nach ihrer Lieb-
lingsfreude; jeder zahlt für die Güter, die
ihm behagen, den Preis, für welchen sie
feil

teil stehn. Als Schwerin die Fahne ergriff,
und, an der Spize seiner Haufen, entschlos
sen in die Feinde stürmte, so geschah es wol
nicht, um eine Kugel freiwillig aufzusuchen,
um der Nachwelt das Beispiel eines schönen,
edlen Todes zu geben; sondern ihm winkte
der Triumf jenseits der Gefahr, er folgte
der Zauberstimme des Ruhms. Jeden Mu=
tigen stärkt die Hoffnung des Sieges, und
er unterdrückt die Furcht des Mislingens.

Selbst die Deciusse, die Curtiusse, ja
die Chatels und die Ravaillacs weihten sich
allein aus Eigennuz einem unvermeidlichen
Tode. Die edlen Römer starben nicht ganz;
ihr Name dauerte in der Geschichte; sie
standen in verehrten Bildsäulen da, unter
den Errettern ihres Vaterlandes; ihre Ma=
nes stiegen hinab zu der Wohnung glückli=

P 5   cher

cher Schatten, und die verleiteten Meuchel=
mörder harrten, mit der Hostie im Munde,
im Vertrauen an den Löseschlüssel, auf die
verbrieften Freuden der Seligkeit.

Was Mahomets Anhänger, beim Ur=
sprung der Sekte, zur eisernen Todesver=
achtung erhob, war es reiner Eifer, zum
Besten der Welt, die Lehre der Gläubigen
auszubreiten? Nein, ihnen wässerte der
Mund nach dem herlichen Schmause, der
im Paradies für sie angerichtet wird; sie eil=
ten, sich auf die Sofae zu strecken, neben
den ewigen Jungfrauen, die Niemanden als
ihre Liebhaber küssen, und die weißer sind,
als eingereihte Perlen.

Der erste Grundsaz aller Moral: er=
weise andern, was du wünschest, daß man
dir erzeige, ist eine scharfsinnige Lehre des

Eigen=

Eigennuzes, weil man unter keiner andern
Bedingung auf Gegendienst hoffen darf.

Auch das Urtheil der Welt stimt damit
überein; sie nennt Tugend, was ihr nüzlich
ist. Vortheil ist der Maaßstab jedes Ver-
dienstes. Darum geht der glückliche Feld-
herr, in der Achtung des Volks, dem größten Künstler vor, obgleich Condé als Jüngling siegte, obgleich zur Bildung des Künst-
lers die Arbeit eines halben Lebens gehört,
obgleich die Geschichte hundert Helden gegen
einen Raphael aufzählt. Laß die That des
Patrioten tollkühn, frevelhaft gegen Einzele,
grausam und ungerecht sein; jede Handlung
ist edel, die dem Vaterland fruchtet. Man
kan den Kodrus für einen Thoren erklären;
Griechenland hat ihm Thränen und Kränze
geweiht. Helvetius, der Apostel des Eigennuzes,

nuzes, hat auch, durch sein Leben die Mei=
nung seiner Säze erklärt; er ist ein wohl=
thätiger, großmütiger Mann; er gab seine
Generalpachterstelle freiwillig zurück, als er,
auf einer Reise durch die Provinzen, die
Tirannei der Finanzsatelliten und das Elend
des geplünderten Volkes sah. Ich will dar=
um sein Werk nicht vertheidigen; aber eins
ist gewiß, nicht wann er Eigennuz predigt,
sondern nur alsdann ist er unleidlich, wann
er sich seiner Dialektik überläßt, wann er
Wiz und Paradoxen auskramt, wann er
Menschensinn und Erfahrung durch Anekdo=
ten und Reisefabeln bestreitet; und so hat
er beinah, wider eigenes Vermuten, alles
justum und honestum von der Erde weg ver=
nünftelt. Der abgezogene Begriff der Tu=
gend ist ein unentschleiertes Geheimniß der

plato=

platonischen Schule; aber unter den Men=
schen, in der Geschichte, ist er nicht zwei=
deutig mehr. Sie besteht, wie sich Helve=
tius ausdrückt, in Neigung und That, zur
Beförderung des allgemeinen Wohls; nun,
sezt er hinzu, ist die nämliche Handlung in
verschiedenen Umständen und Zeiten, bald
schädlich, bald nüzlich, folglich jezt Tugend,
dann Verbrechen: also ist die Moral, jedes
Lehrgebäude allgemeiner Pflichten, eine leere,
unnüze Wissenschaft, wenn man sie nicht
mit der Gesezgebung, und mit der Politik
verbindet.

Aber sobald Menschen mit einander le=
ben, sich in irgend eine Geselschaft sammeln,
laß sie Jäger, Hirten, Boucaniers, Wilde,
oder Barbaren sein, so sind gleichwol ge=
wisse Tugenden zu ihrer Erhaltung unent=
behrlich.

behrlich. Ohne Anhänglichkeit und Hülfs-
begierde, ohne Ordnung im Genusse der
sinlichen Wollust, ohne Achtung für das Eigenthum in diesem Zirkel, ohne Gehorsam
gegen Aeltern und Obern, kan auch nicht
eine Räuberbande bestehn, und Wohlthätigkeit, Freundschaft, Erkentlichkeit, Mitleiden, verbessern so sehr den geselligen Zustand, daß wol keine Horde die Wüsten
durchzieht, wo diese Tugenden fremd sind,
und wo ihr Werth nicht geschäzt wird; das
wider entscheiden keine erbaulichen Briefe.[1]
Wer mag die Gräuel alle glauben, die ein
lügenhafter Mönch erzählt, daß die Gia-
quen ihre Kinder, mit Wurzeln und Kräu-
tern, im Mörser stoßen, um sich eine Salbe

zu

1) Lettres édifiantes par les Revérends Peres
Missionnaires dans les Indes.

zu bereiten? - daß im Königreich Batimena
keine Frauensperson, bei Lebensstrafe, sich
der Unzucht widersezen darf? daß in der
Insel Formosa Leichtfertigkeit und Völlerei
gottesdienstliche Handlungen sind?.[2]) Es
mag sein, daß sich ein Halbmensch in Grön-
land nicht rührt, wenn sein Bruder vor seinen Augen ertrinkt, daß ein Wilder seinen
alten Vater ermordet, daß ein Betler in
China seine Kinder aussezt; darum giebt es
kein Land, wo man Menschenfreundschaft
und kindliche Liebe verabscheut, wo Mord
und Gewaltthat erlaubt ist. Weil ein Schif-
fer, oder ein Kapuziner erzählt, daß es ihm
deuchte,

2) Ist vollends diese Nachricht aus dem Betrüger Psalmenazar genommen, der niemals Formosa gesehn hat, so giebt das eine hohe Meinung von den Quellen, die Helvetius brauchte.

deuchte, als wenn irgendwo ein Laster belohnt,
eine gute That bestraft worden sei: ist eine
Geschichte, die dem Gefühle der Natur wi
derspricht, erwiesen, oder erweisbar? Ist
einzelner Unsinn darum Sitte des Volks?
Gleicht die Tugend deswegen einer Theater
prinzessin, die auf ihrer Reise durch allerlei
Zonen, bald eine Vestalin, und bald eine
Tänzerin vorstellt? Im Grunde ist es
Wortgrübelei. Helvetius lenkt am Ende
wieder ein; er wolte nichts weiter behaup
ten, als daß Barbarei, Unwissenheit, Ge
sezlosigkeit alle Begriffe der sitlichen Schön
heit verkehren; der Strom seines Wizes trieb
ihn nur abwärts.

Eigentlich war dem Klerus an der Tu
gend nichts gelegen, aber der Philosoph
hatte an das Rauchfaß gerührt. Er warf
ihnen

ihnen länderfreſſenden Geiz, Unwiſſenheit,
Faulheit, Rachſucht vor, und ſammelte
Fakta, ſtubborn things, die ſich nicht wegandüchtlen laſſen. Darum fiel die Leibwache des heiligen Stuls, die Bande Loyolas
über ihn her; darum drohten ihm Gefängniß, Verluſt ſeines Glücks. Er konte ſich
nur durch einen Widerruf retten.

In den Augen ſeiner Widerſacher hat
ihn der Schritt verächtlich gemacht; denn,
ſagt man, entweder iſt ſeine Reue aufrichtig, ſo war es Leichtſinn, ein gefährliches
Siſtem zu verbreiten, ohne ſolches vorher
ſtrenger zu prüfen, oder der Widerruf war
verſtellt, alſo eine feierliche ſchändliche Lüge
—und zwar im Geſchmack ſeiner Lehre, lieber Wahrheit und Redlichkeit, als Glücksgüter Preis zu geben. Hierauf antwortet
er:

er: man muß einen Unterschied machen
zwischen einem Glaubensstifter, und einem
Mann, der menschliche Weisheit verträgt.
Ich habe mich nicht für erleuchtet ausgege=
ben; Meinung ist noch keine Offenbarung;
ich wolte nur überreden, nicht predigen.
Nun trit ein Mächtiger vor mich hin, ent=
blößt sein Schwert, und donnert mir ins
Ohr: sei elend, meide dein Vaterland, über=
gieb deine Familie der Dürftigkeit, oder
spreche mir andächtig nach!

Ich hätte vorstellen können, daß es selt=
sam sei, mir anzubefehlen, vorzuschreiben,
was mir Wahrheit deuchten müsse. Aber
wenn man niedergeworfen vor dem Mufti
liegt, der die Stirne runzelt, und ruft:
Giaur! glaubst du, daß der Prophet auf
einem Esel nach dem Monde reiste? daß

der

der wunderthätige Saleh ein lebendiges Ka-
meel aus einem Stein gemacht hat? da ist
es nicht Zeit, den Büffon oder den Abbé
Plüche zu zitiren, um Ihro Hochwürden in
den Bart zu beweisen, daß die Sache nicht
angeht.

Sie haben mir einen Widerruf abge-
droht; er ist nichts mehr als ein Wechsel-
brief werth, den ein Straßenräuber uns ab-
bringt. Mein Buch wird übrig bleiben.
Enthält es Wahrheit, desto besser; endlich
findet sie vielleicht Eingang, vielleicht auch
nicht; das hängt ab von dem Ton der Zeiten. Galilei hat, mit der Kerze in der
Hand, an dem Altar eine Wahrheit abge-
schworen, wird sie darum jezt weniger er-
kant? Zuverläßig hätten meine Gründe
durch mein Unglück an Stärke nichts gewon-

nen;

nen; man hat auch für den Irthum, geli=
ten, und der Tod mancher gespießter fal=
scher Apostel hat ihre Lehre nicht bestätigt.
Indessen haben die Herren, um ihre Rache
zu vergnügen, ein lächerliches Schauspiel ge=
geben; die Kirche hatte längst die fromme
Apathie des Molinos, die süße Träumerei
der Dame Guion, welche sie die reine Liebe
Gottes nante, und die Maximen der Heili=
gen, ihres Freundes Fenelon, verdamt;
sie lehrt also, daß man Gott, nicht schwär=
merisch, ohne Grund, sondern wegen seiner
Wohlthaten lieben müsse: Eigennuz ist Chri=
stenthum. In der Religion wird die Nei=
gung geduldet; mich verfolgten sie, weil ich
dergleichen bei dem natürlichen Menschen
vermute; und ist es nicht lustig, daß sie
gerade in der merkwürdigen Zeit auf den Ei=

gennuz

gennuz schimpften, als ihr Handel und Wu
cher herauskam, als sie den Bankerutt vor:
bereiteten, den kurz darauf Vater la Va
lette, und, Gott sei Dank! die ganze Geselschaft gemacht hat? Aber Unverschämt:
heit ist es eben, was unserer Geistlichen
Bosheit von der Bosheit des Weltmanns
unterscheidet. Sie erröthen nie, ihre öffent:
lichen Sünden an andern ohne Mitleid zu
strafen, und sie kehren sich nicht daran, ob
ihr Leben ihrer Lehre geradezu widerspricht.
Ein Laie, der Keuschheit predigte, würde
wenigstens den Enthaltsamen spielen. In
die Kirchenversamlungen schleppten sie ihre
Bulerinnen mit, und verordneten Priester:
celibat.

Hier haben Sie den Prozeß dieses Wi:
derrufes; entscheiden Sie nun. Er hätte,

Q 3   dünkt

dünkt mich, beſſer ſein Buch im Pulte ver-
ſchloſſen, wie ein anderes, das nach ſeinem Tode herauskommen ſoll; er konte das
Ungewitter vorhorſehn; jezt war kein ander-
Mittel übrig, als eine Unbeſonnenheit durch
eine Lüge gut zu machen, und ein kluger
Mann meidet ein ſolches Dilemma.

Wenn Helvetius in die Laune geräth,
Sarkaſmen zu ſagen, ſo hört es ſich angenehm zu; aber endlich wird er zu bitter, und
iſt ungerecht gegen die Regierung und gegen
ſein Vaterland. Die Nazion ſtrebt augen-
ſcheinlich empor; ihre beſten Schriftſteller
haben ſich mit brittiſcher Kühnheit gegen
Vorurtheile und Knechtſchaft erklärt; Er-
leuchtung und Verträglichkeit nehmen zu;
Hingegen, wenn Helvetius Recht hat, ſo
iſt die Nazion zertreten unterm eiſernen Fuße

der Tiranney; eine traurige Hülfe steht ihr
bevor, delenda est Carthago; sie muß die
Beute eines fremden Eroberers, und ganz
von neuem gebildet werden. Als man ihn
neulich über seine Reisen befragte, so gab er
schneidend zur Antwort: „ich ging nach Ber-
lin, um einen König, und nach England,
um ein Volk zu sehen.‟

Von der Gesellschaft seines Hauses noch
wenige Worte. Sie ist ursprünglich die
nämliche, welche sich bei der Madame Geoffrin versammelt; nur findet man hier einige Gelehrte mehr, den Chevalier Beau-
court, den Abt Raynal, den Dichter Sau-
rin, Duclos, den Ritter Chatelley, und
Ausländer ohne Zahl. Hier wimmelt das
Gedränge, das um die Reichen schwärmt;
man unterhält sich in allen Zungen und

Spra-

Sprachen; aber doch iſt es keine deutſche
Aſſemblee, wo man ſo geradezu aus Erb;
recht hinfährt, weil man alte Pergamente
und neue Kleider beſizt, ſondern ein Fremder
muß angekündigt, gut empfolen, und zum
Wiederkommen eingeladen werden.

Ich weis nicht, wo ſich die Fabel her;
ſchreibt, daß ſich die Franzoſen an die Frem;
den drängen, und zuvorkommend gaſtfrei
und höflich ſind. Es mag von den Spie;
lern und Glücksrittern, von den Kuplern
und Ciceronen wahr ſein; die beſſere Geſel;
ſchaft iſt ſpröde genung. In ihre Familien;
zirkel wird ſelten ein Fremder eingeführt.
Sie wollen ſich, wie ſie höflich verſichern,
den Schmerz der künftigen Trennung, eigent;
licher Langeweile, erſparen. Unſere meiſten
Reiſende ſind Knaben, deren Artigkeit nicht
länger

länger im Gang bleibt, als sie durch ihre Pedanten aufgezogen sind.

Ein Minister, dem von seinem Hofe diese herumgeführte Jugend empfolen wird, ist äußerst mit den Herren verlegen; er weiß, daß er mit seinen rohen Landesprodukten nirgends angenehm komt, und hält daher immer eine alte Prinzessin an der Hand, wo sich die Kadetten und die Invaliden der Gesellschaft, die beiden Enden des Jahrhunderts, begegnen, und die gern ihre Spieltische voll hat. Dann hat die hofnungsvolle Jugend in der großen Welt gelebt, und komt gebildet zurück.

Auch die vernünftigsten Männer, wenn sie nur kurz hier verweilen, sind nicht unterhaltend genung. Sie treffen und verstehn den Geist des Umgangs nicht, können nicht

Theil

Theil nehmen, wissen nichts wieder zu geben; alles schränkt sich auf kahle Allgemeinheiten ein.

Wiederholen Sie das, wo man Ihnen erzählt, daß der Franzos alle Fremden mit offnen Armen aufnimt. — Man hat solche Musterkarten von den guten Eigenschaften aller Völker; verlassen Sie sich drauf, daß sie nicht gegründeter sind, als die Satiren über ihre Fehler.

Eilfter

Eilfter Brief.

An Herrn Garrick.

Paris den 27. Nov. 1768.

Endlich ist mein Wunsch erfüllt: Ihre Freundin Clairon hat vorgestern, bei der Frau von Villeroy, ihre Lieblingsrolle, Dido, gespielt, auf einem kleinen prachtlosen Theater, aber sie zauberte Würde um sich her; für unsere Empfindung stand sie da, wie im Virgil, als Aeneas sie erblickte, in ihrer emporsteigenden Königsstadt.

Ihnen ist das langweilige Drama bekant; es dauert ewig und schreitet nicht fort. Wer mag das Jammern eines verliebten Weibes, und die kalte Wundermoral des

frommen

frommen Helden durch fünf lange Akte, auch selbst in schönen Versen, hören? Pompignan ging unter an der Klippe, wo Racine, in seiner Berenice, nur so eben behalten vorbei kam. Keuscher Ehrgeiz im Kampf mit der Liebe ist immer eine widerliche Gruppe, zumal wenn der Held, wie hier, für keinen Funken Lust empfänglich, ein Mittelding zwischen Göttern und Menschen, oder eigentlicher, ein Strohmann ist.

Im Virgil trägt sich alles natürlicher zu. Aeneas hat mit der Frau Dido in der Höhle gesteckt; die Dame gesteht Connubia et inceptos hymenaeos; sie bedauret nur, als eine gute Prinzessin, daß sie mit einer leeren Freude davon kam.

— Si

— Si quis mihi parvulus aula

Luderet Aeneas, ſagt ſie,

Non equidem omnino capta ac deferta

viderer.

Aeneas verließ ſie darum nicht, weil
er ſeine Leidenſchaft überwand, ſondern Ju;
piter mußte den Merkur abſchicken, der ihm
eine bittere Standrede hielt:

— Tu nunc Carthaginis altae

Fundamenta locas pulchramque *uxorius*

urbem

Exſtruis? heu regni rerumque obliae

tuarum.

Das allmächtige Schickſal trennte ſie;
ein Gott hatte ſein Herz verſtockt:

Fata obſtant, placidasque viri Deus ob-

ſtruit aures.

Ja als er auf den Schiffen noch weilt,
erscheint ihm Merkur noch einmal, und macht
Ihm für den Zorn der aufgebrachten Dido
bange:

Illa dolos dirumque nefas in pectore
verfat.

Eja, age, rumpe moras, varium et mu-
tabile femper

Femina.

Hier ist es ein kalter züchtiger Ritter,
der nur sein Abentheur vollendet, einer armen Fürstin das Herz bricht, ihre Feinde,
die wie gerufen kommen, erst tapfer schlägt,
und dann, wie Don Quixotte, unbefleckt
aus dem Wirthshause zieht. Es gelingt einer großen Schauspielerin nur, eine so fro-
stige Schöpfung zu beleben; unsere Seele

hing

fing an Clairon Dido, und so waren wir
mit dem Dichter zufrieden.

Noch ist sie eine edle reizende Figur;
ihre Grazie hat ihre Schönheit überlebt;
ihre Stimme ist sanft und tönend; sie bleibt
melodisch, wann sie wütet, und wird nicht
kränklich, wann sie klagt. Zwar ist sie nur
klein; aber, wann ihr Ausdruck gebieteri‑
scher Stolz wird, so wächst sie empor, täuscht
das Aug, und gleicht der Diane unter den
Oreaden,

Gradiensque Deas supereminet omnes.

Dennoch schreitet sie nie athletisch über
die Grenzen ihres Geschlechts; im heftigsten
Sturme wehen mildere Töne der Weiblich‑
keit. Ihre königliche Yates [1]) solte sie darum
beneiden, welche immer zu sehr Virago ist.

Nir‑

1) Die beste tragische Schauspielerin zu der Zeit.

Nirgends kam sie mir vortreflicher vor, als
in den schweren Uebergängen von einer Ge-
müthsbewegung zur andern; hinschmachtend,
herzenschmelzend sagte sie, und mit einem
Anstand, der ohne Sprache Seelen erschüttert:

Est-il bien vrai, ce jour va donc nous
               separer?

Qui me consolera dans mes douleurs pro-
               fondes?

Mon cœur, mon triste cœur, vous suivra
               sur les ondes,

Et d' une vaine gloire occupé tout
               entier,

Au fond de l' univers vous irés m' ou-
               blier.

M' oublier? ah Seigneur! de quelle
               affreuse idée

                         Mon

Mon ame en vous perdant ſe verra poſ-
ſédéc?

Je ſens que j' en mourrai — mais hélas!
eſt-il temps,

Cher Prince, de hâter ces douloureux
inſtans?

Nun wird, wie es ſcheint, Aeneas gerührt, und Hofnungsmorgenröthe glänzt in
ihrem glühenden Auge; aber ſeine Antwort
vernichtet alles; jezt wandelt ſie alle Grade
der Empfindung durch, erſt tiefe nagende
Traurigkeit, dann aufwallendes Gefühl ihrer Würde, dann Wut, endlich mislingen-
der Verſuch, den Mann zu verachten, an
dem ihr Leben hängt. Ihr Spiel iſt im
Virgil geſchildert:

Talia dicentem jam dudum averſa tuetur,
Hic illic volvens oculos, totumque per-
errat

Luminibus tacitis, et ſic accenſa profatur:

Nec tibi Diva parens, generis nec Dar-
danus auctor,

Perfide; ſed duris genuit te collibus
horrens

Caucaſus - - ober wie es Pompignan über-
ſetzt:

Non, tu n'es point le ſang des heros,
ni des dieux;

Au milieu des rochers tu reçûs la naiſ-
ſance,

Un monſtre des forêts éléva ton enfance,

Et tu n'as rien d' humain, que l'art
trop dangereux

De ſéduire une amante et de trahir ſes
feux.

Dis-moi, qui t' appelloit au bords de la
Lybie?

T'ai-

T'ai-je arraché moi au fein de ta patrie?

Te fais-je abandonner un Empire affuré?

Toi, qui dans l'univers, profcrit, des-
efpéré

Rebut des flots, jouet d'un efpoir inutile,

N'as trouvé qu'en ces lieux un favo-
rable Afyle.

Mittelmäßige Schauspieler schreiten alsdann in harte Dissonanzen über, und löschen
den vorigen Seelenzustand aus; aber in der
Clairon Spiel, und in der Natur, tönt die
verlassene Saite noch nach. Weil ihre Leis
denschaften alle aus der nämlichen Quelle
flossen, so arteten sie auch nach ihrem Urs
sprung; durch alle stralte, oder dämmerte,
Liebe.

Als Aeneas entfloh, war, nach dem
mannichfaltigen Leiden, für den äußersten

Schmerz,

Schmerz, wie es schien, kein neuer Aus=
druck übrig; hier überraschte sie uns durch
eine glückliche Kühnheit. Sie schlug sich,
unter einem nervenschneidenden Geschrei,
mit beiden Händen vor die Stirne, ließ die
Arme sinken, bebte erstarrend zurück, und
im Auge war trostentsagende, todtgeweihte
Verzweiflung. — Wir zitterten bleich um
sie her, als wären wir mit zum Tode ver=
urtheilt. Dieser Zug wirkte, wie Ihr Spiel,
mein Freund, im Hamlet, oder Makbeth.
Es war eben die Grabesstille des Hauses,
und überall, im Parterre und den Logen,
erblickte man festgeheftete, verzogene Men=
schengestalten.

Die Kunst zu sterben ist auf der Bühne,
wie in dem Leben, schwer. Ich höre zu=
weilen ein Heldengewimmer, das Bauch=

grimmen

grimmen anzuzeigen scheint; hier drängten sich stöhnende Seufzer aus hoher strebender Brust, fremde Tonart klang in der Stimme, und das fliehende Leben weilte zuckend auf der Unterlippe.

Alle Fremde spotten gern über den franzöfischen Theateranstand. Man findet darin eine taktrichtige, widernatürliche Zierlichkeit, eine hochtrabende Menuettenmanier, die auf den Tanzboden gehört. Allerdings übertreiben sie, für den nördlichen Geschmack, Stellung, Gang und Deklamazion; aber man überlegt nicht, daß sie nicht für uns, sondern für ihre Landsleute, spielen. Jedes Volk ist gewohnt, durch ein eigenes Medium zu sehen; man täuscht und rühret uns nur, wenn man die Vorstellung in unsere Sehwinkel stellt, und unsern Sitten näher

bringt.

bringt. Vollkommene Wahrheit alter oder
ausländischer Sitten wird, weder von dem
Dichter, noch dem Schauspieler, erreicht;
sie ist auch zu fremd für unsere Empfindung.
Eine karthagische Prinzessin, wie sie viel=
leicht damals halbnackend durch die Felder
strich, würde in unserm Zeitalter nirgends
gefallen, und Shakespear kante sein Publi=
kum, als er Römer und Dänen zu Eng=
ländern machte. Auch Clairon ist Fran=
zösin; aber sie mäßigt, durch ihren Ge=
schmack, was sich zu sehr von der allgemei=
nen Natur entfernt; sie verachtet die Pari=
ser Theatergrimassen, das tragische Schluch=
sen, das Wiegen der Arme, und den Hel=
dinnentritt.

Soll ich nun auch tadeln, weil ich ein=
mal das leidige Handwerk eines Kunstrich=
ters

ters treibe, der, wie ein betrüglicher Krä=
mer, keinen Weihrauch ohne Zusaz ver=
kauft? soll ich dem aufgeklärten Freunde
der Clairon gestehn, daß es mir vorkam,
als wenn diese Darstellerin aller Empfindun=
gen nur wenig selbst empfände? Man fühlt
und erräth das deutlich aus einer gewissen
Härte ihres Spiels; alle Wendungen schei=
nen mir überlegt, jede Miene beschlossen zu
sein; sie versteht es, wie die Alten, ihre
Deklamazion zu notiren, und kan, ich bin
es überzeugt, Rechenschaft von jeder Note
geben. Zwar begreife ich, daß Begeisterung,
so wenig als Talent allein, den Schauspie=
ler vollendet; er muß lange, wie der bil=
dende Künstler, nach dem Leben modelliren
und zeichnen. Sie selbst haben Ihren
Schrecken im Hamlet gewiß von einem Gei=

sterseher

ſterſeher gelernt; was allen Partrlbgen ²) ſo
natürlich vorkomt, iſt oft Reſultat einer müh=
ſamen Arbeit, der endlich gerathene Verſuch
einer oft mislungenen Uebung. Aber gleich=
wol hat Horaz nicht Unrecht, man rührt
nur, wenn man ſelbſt gerührt iſt; ſonſt
kan der Ausdruck richtig ſein, und dennoch
über die Seele gleiten. Die Verſtellung
ſchimmert durch; ein ſolches Spiel iſt, was
in der Malerei die harten richtigen Umriſſe
ſind; ſie machen der Kunſt des Meiſters
Ehre, und erinnern, daß es ein Bild iſt.
Dem ungeachtet bin ich, mein Freund, mit
Ihrem Urtheil einig, Clairon iſt der Stolz
der hieſigen Bühne. Als ſie ſo herſchte über
uns, und ihr unſre Thränen huldigten, da
hätte ich mir den Erzbiſchof in der Nähe ge=
wünſcht,

²) Dieſer Kritikus ꝛꝛ aus dem Tom Jones bekant.

wünscht, um ihn treuherzig zu fragen, ob er dieser Königin nicht, neben orthodoxen Todten, ein wenig Erde gönnte?

Die Dumenil habe ich auch gesehen, welche sonst aufzog, wie die stralenlose Nacht, und fürchterliche Blize schleuderte. Jezt wetterleuchtet sie nur noch; es ist ein verzogenes Gewitter, und ihre Talente sind erschöpft. Sie spielte die Agrippina; in einzelen Stellen erstrebte sie Kraft, ja zuweilen durchschauerte sie das Herz, durch Züge aus der leidenden Natur, aber ganze Tiraden sagte sie im frostigen Einklang her, und vertilgte so den Eindruck wieder.

Le Kain, als Nero, hat meine Erwartung äußerst betrogen; der wollüstige Tirann war kein Pedant, sondern ein wohlerzogener Bösewicht, nach griechischen Sitten gebildet.

R 5 Hier

Hier strozt er, wie ein High=Steward, und
entwickelt langsam jede Bewegung, als beugte
man Gelenke von Blei; im Eifer gleicht er
einem Kämpfer, und in der Ruhe sezt er
sich, wie das Modell einer Zeichnungsschule,
zurechte; so urtheilen hier vernünftige Män=
ner, und Alembert sagte noch neulich, daß
er Mahomets Rolle erwürgt. Aber Vol=
tairens Freundschaft, und die Mode dringen
ihn dem Kennerpöbel auf; er ist, behaupten
sie, unnachahmlich in jeder Leidenschaft, das
heißt, er zürnt mit geballter Faust, und
klagt mit einem lauten Gebrülle.

Molé ist der Liebling der feinern Welt;
alle Damen räuchern ihm; man nent ihn
beider Musen Günstling, und weint und
lacht ihm zu gefallen. Es ist wahr, er hascht
den Geist seiner Rolle, und hat ein gewand=

tes

tes gefälliges Spiel; als Liebhaber ist er
süß und schmachtend, und als Marquis,
oder Fat nach der Mode, geht er allen sei=
nen Nebenbulern vor; denn dieser Charakter
mislingt auf der Bühne, so häufig er in
der französischen Gesellschaft ist. Im Leben
ist er schon Affektazion, und ein Grad mehr in
der Nachahmung macht ihn zur unleidlichen
Karikatur. Für das Trauerspiel ist Molé
zu zierlich, zu sehr ein weicher zärtlicher
Stuzer, der Krämpfe spielt, wann er heftig
wird, und mit dem Umfang seiner Stimme
nicht durch die ganze Tonleiter der Leiden=
schaften reicht.

Aber Preville ist, ohne Zweifel, der Kö=
nig aller Krispine, und, in seinem einge=
schränkten Fach, der Garrick dieses Volks.
Bei ihm scheint nichts gelernt, nichts geübt,
nichts

nichts nachgeahmt zu sein; seine Rolle, glaubt man, ist ein tägliches Leben; er ist zu Hause, wir mit ihm; er vergißt die Zuschauer, wir die Bühne; jede Wendung, jede Miene ist ein launiger, drolliger Einfall, voller gutmütigen Erzschelmerei. In ihm webt Molierens Geist lebendig, und die Natur hat seinen Körper für seine Gaben gebaut. Wenn er auftrit, so fühlt man sich in der Zeit der wahren Komödie; alles athmet helle Fröhlichkeit. Er reizt nicht zum verbissenen Lächeln; er gefällt dem kalten Kritiker nicht allein, sondern alle, denen das Zwerchfell nicht fest sizt, alle Geschlechter, Alter und Stände jauchzen ihm Beifall durch ein robendes Lachen.

Ich versäume Molierens Stücke nie, und finde das Haus gewöhnlich einsam und leer;

leer; ein schlimmes Zeichen für den heutigen
Geschmack. In jeder Kunst giebt's eine
höchste Stufe, dann wandert sie wieder
bergab. Das Lustspiel artet nun zurück;
keine neue Arbeit ist mit dem Menschenfein:
de, dem Geizigen und dem Tartüffe zu ver:
gleichen. Man hat zuweilen diese Meinung
die Schuzrede der Ohnmacht genannt; die
Sitten, sagt man, ändern sich täglich, und
bieten also neuen Stoff zur Schilderung dar;
aber, wenn auch Ton- und Lebensart und
Wiz und Mode ewig wechseln, so erhält
sich dennoch die Natur, welche immer die
nämliche war; ihre großen Züge sind ver:
braucht. In Frankreich trift man jezt nur
auf Nüancen, auf Eigenheiten kleiner Zirkel,
auf einzele seltene Varietäten. Der Wohl:
stand richtet alle Geister und Herzen nach

Einem

Einem Leierstückchen ab. . Ihre Meister haben in der Fülle gepflückt; sie lesen jetzt nur
dürftig nach., und sammeln taube Früchte.
In England ist noch die Menschengattung
mannichfaltig, wie Ihre Gärten; dennoch
fehlte nicht viel, so hätte man auf der Bühne
Ihre thätigen Britten in flache gallische
Schwäzer verwandelt. Darum verdienen
Sie den Dank Ihrer Zeit, daß Sie die elende
Gattung verdrängten, und Shakespears nervige gesunde Natur wieder belebten durch
ihre schöpferische Kunst.

Auszug

Auszug aus Garricks Antwort.

Hampton den 3. Jan. 1769.

Ob ich gleich meine Feder kaum halten kan,
da ich eben das Krankenbett verlasse, so
mag ich doch nicht länger anstehn, Ihren
freundschaftlichen Brief zu beantworten. Ich
war beinah bange, Sie hätten uns verges:
sen; die Lustbarkeiten, dachte ich, durch die

Sie

Hier ist das Original: Tho' I can scarce
hold my pen in my hand, and am just risen
from a sickbed, yet I cannot delay a mo:
ment longer to answer your most friendly
letter. I was almost afraid, that you had
forgot us, and that the round of pleasures,

you

Sie sich drängten in Paris, hätten in Ihrem Herzen den kleinen Eindruck Ihrer hiesigen Freude vertilgt. — Eh ich Ihren Brief erhielt, rief ich oft mit der Imogen im Shakespear aus:

> Die bunten Vögel Frankreichs, deren Federpracht ihre Schminke ist, haben ihn getäuscht.

Aber

---

you hurried thro' in Paris, had blotted out the small impression your frieds here had made upon your heart. Before I received your letter, I often call'd out with Imogen in Shakefpear:

> — The Joys of France
> (Whofe feather is their painting) have
> betray 'd him.

But

Aber jezt, da Sie so wunderbar aus diesem
Ocean von Freuden gerettet sind, der, wie
ich finde, Ihre englische Neigungen nur ge=
dämpft, und nicht ersäuft hat,

    — Te Tabula sacer

  Votiva paries indicat uvida
  Suspendisse potenti
  Vestimenta maris Deo.   *Horat.*

                Ich

But now, as you have escap'd so miracu-
lously from that sea of pleasures, which I
find, did only damp your englisch affections,
not drown them,

    — Te Tabula sacer

  Votiva paries indicat uvida
  Suspendisse potenti
  Vestimenta maris Deo.   *Horat.*

Ich habe Dido niemals leiden mögen, obgleich das Stück einen guten Namen auf der französischen Bühne hat; es sind einige gute Zeilen drin, und hie und da ein wenig Pathos; aber was ist das? Ich bin durch Shakespear verdorben, und ich denke, Sie sind es meistentheils auch.

Nun Ihre Zergliederung der französischen Schauspieler. — Madame Clairon besizt alles, was die Kunst, ein guter Verstand

---

— I never lik'd Dido, though it bears a good Character upon the french stage; there are good lines and some little Pathos; but what is that? I am spoil'd by Shakespear, and I hope you are very near spoil'd too. — Now your dissection of the french actors. — Madam Clairon has every thing, that art and

a

stand und natürliche Einsicht mittheilen kön=
nen; aber im Herzen fehlt der augenblickli=
che warme Eindruck, das Lebensblut, die
reizbare Empfindsamkeit, das elektrische Feuer,
welches auf einmal aus dem Genie bricht,
und durch Adern, Mark und Beine der
Zuschauer schließt. Sie weis vorher so gut,
was sie leisten kan, daß sie der unmittelbare
Schauer

---

a good understanding with natural spirit,
can give her; but the heart has none of
those instantaneous feelings, that Life-
blood, that keen sensibility, that electrical
fire, which bursts at once from genius, and
shoots thro' the veins, marrow, bones and
all, of every spectator. She is so conscious
and certain, of what she can do, that she

S 2   never

Schauer niemals ergreift. Aber ich spreche das Urtheil, daß die größten Züge des Genies dem Schauspieler selbst unbekant waren; der Umstand, die Wärme der Situazion hat gleichsam die Mine gesprengt, zu der Zuschauer und zu seinem Erstaunen. Ich mache daher einen Unterschied zwischen einem großen Genie und einem treflichen Schauspieler;

---

never has the feelings of the inftant come upon her unexpectedly; but I pronounce, that the greateft ftrokes of genius have been unknown to the actor himfelf; the circumftance, the warmth of the fcene has fprung the mine as it were, as much to his own furprife as that of the audience. Thus I make a difference between a great genius and

ſpieler; der erſte realiſirt die Empfindung ſeiner Rolle, und iſt nicht mehr er ſelbſt; der andere, mit vieler Kraft und Weisheit, mag gefallen, aber niemals

    — Pectus inaniter angit,
. Irritat, mulcet, falſis terroribus implet
Ut magus. —   *Hor.*

                    Ihr

---

and a good actor; the firſt will realize the feelings of his characters, and be transported beyond himſelf, while the other, with great powers and ſenſe, will give great pleaſure, but he never

    — Pectus inaniter angit,
Irritat, mulcet, falſis terroribus im-
            plet
Ut magus —   *Hor.*

Ihr Begriff von den Franzosen stimt
vollkommen mit dem meinigen überein; die
Politesse hat die Charaktere so einförmig ge=
macht; ihre Launen und Leidenschaften sind,
so durch Gewohnheit und Uebung gebeugt,
daß Sie die ganze Gattung kennen, wenn
Sie ein halbes Duzend Männer, oder Wei=
ber, gesehen haben.

In

—

— Your Idea of the French moſt exaċtly
agrees with mine; their politeſſe has reduc'd
their charaċters to ſuch a ſameneſs; their
humours and paſſions are ſo curb'd by ha=
bit, that when you have ſeen half a dozen
Frenchmen and women, you have ſeen
the whole; in England every man is a dis-
tinċt being, and requires a diſtinċt ſtudy

to

In England ist jeder Mensch ein eigenes, ganz verschiedenes Wesen; jeder erfor-
dert ein besonderes Studium, wenn man
ihn durchforschen will. Es ist eine Folge
dieser Mannichfaltigkeit, daß unsere Lustspiele weniger eintönig, und unsere Charaktere stärker und dramatischer sind.

Seitdem Sie uns verlassen haben, habe
ich die Rolle eines jungen, (pfui, schäm
dich was!) eifersüchtige Amoureux gespielt,

in

---

to investigate him. It is from this great
variety, that our Comedies are less uniform
than the french, and our characters more
strong and dramatic.

- - Since you left us, I have play'd the
character of a young, (fye for shame!)

jealous

in dem Luſtſpiel das Wunder, und das
Haus war außerordentlich voll. Sollten Sie
einmal wieder kommen, eh' ich mein Narren=
kleid ausziehe, ſo will ich Sie mit dem Beſten
in meinem Vermögen unterhalten, denn ich
habe Ihnen wahrlich nichts gezeigt. [2])

---

jealous *amoureux*, in the Comedy of *the
Wonder*, and it has been follow'd in a
moſt extraordinary manner. — Should
you ever return to us before I drop my
fool's coat, I will treat you with the beſt
in my power, for I have indeed ſhew'd
you nothing. [2])

---

[2]) Nichts als Richard, Mackbeth, Ranger, Sir
John Beute, und Luſignan.

Zwölfter

Zwölfter Brief.

Paris den 4. Dec. 1768.

In dem Hause des Herrn Meter, Residenten der Republik Genf, versammelt sich Sonntags eine gemischte zahlreiche Gesellschaft, welche eben darum nicht merkwürdig ist. Menschen, die sich wenig kennen, haben sich auch wenig zu erzählen; alle schwazen, niemand unterhält sich. Man ist nirgends einsamer, als im Gedränge.

Aber jeden Freitag finden Sie daselbst di Francia il fiore, einen engern Zirkel, der Ihre Aufmerksamkeit verdient. Hier erscheint, im Verstande des Worts, der Schatten Colardeau, mit erloschenem Blick, ganz erschöpft durch Seelenwollust, Barthe, ein

S 5   Feuer=

Feuerwerk im Wiz, le gentil Bernard, der
leiſe Sänger der Liebe, Dorat mit Guir﹣
landen en falbalas, der ſo gerne bulte mit
der Natur, und dafür ein Opernmädchen
erwiſcht hat, Suard, der in Perioden cim﹣
belt; Thomas, jezt abweſend, gehört mit
dazu, ein Philoſoph im Purpurmantel,
deſſen Rede Poſaunenton iſt.

Dieſes Kränzchen iſt in Paris, was, in
einem mannichfaltigen Garten, ein hollän﹣
diſches Blumenſtück iſt; es ſind kleine, ge﹣
ſchnörkelte Felder, eine Minute für das Auge
blendend, durch den Widerſchein von Scher﹣
ben und Glas. Hier wird nichtiger Stoff,
ſcharfſinnig, durch üppige Kunſt aufgeſtuzt;
man arbeitet Blumen aus Federn und Stroh,
baut Triumfbögen aus Zucker, ſchneidet Al﹣
pengegenden aus Poſtpapier, und ergözt ſich
an

an den Farben — einer Seifenblase. Ihre Meisterstücke sind elektrische Bildchen, mit Feuerfunken gezeichnet. Aber alle dergleichen Kampfspiele des Wizes, wo man sich in Prosa und Versen, flache, klingende, honigsüße Dinge sagt, sind, wie sich Pope irgendwo ausdrückt, ein Gastgebot aus lauter Brühen, ewiges Küzeln ohne Genuß, Wohlgerüche, welche die Nerven ermüden; nichts artet zu Nahrung und Kraft. Die Dame des Palasts hat die Kolonie aus Lilliput in ihren Schuz genommen; aber sie ragt unter ihnen merklich hervor. Es ist eine verständige, würdige Frau, die bescheiden urtheilt, richtig fühlt, und in einer kalten Untersuchung mehr gefällt, als im Epigrammengefechte. Mir komt's vor, als ob sie,

bloß

bloß zur Erholung, einmal in der Woche, so ein Schattenspiel liebte.

Nichts kontrastirt mehr in dem Kreise, als der weise, tiefsinnige Neker, der, wie eine hohe Eiche unter Maienblümchen, da steht. Dieser seltene Mann kam ohne Mittel nach Paris; durch Glück und Fleiß im Handel, vorzüglich aber durch seine Einsicht in die Simptomen des öffentlichen Kredits, durch seine Würdigung der Staatspapiere in verschiedenen Zeiten und Umständen, hat er ein großes Vermögen erworben; endlich erhub ihn sein Ansehn zur ehrenvollen Stelle eines Ministers seines Vaterlandes. Wenige kennen, wie er, die Verfassung dieses Staats, wenige reden so unterrichtend über den Gang seiner Thätigkeit, über den Umlauf und die Erneuerung innerer Kräfte.

Man

Man hängt an seinem Munde, wann er, lichthell, die Sisteme verschiedener Minister entfaltet, sie aus ihren Epochen heraushebt, alsdann nach dem Bedürfniß ihrer Zeiten schäzt, und ihre Fehler und Vorzüge abwiegt. Alles ruft jezt schwärmerisch nach Handelsfreiheit; Neker, unbetäubt, zieht die Linie der Wahrheit zwischen Unordnung und Finanztirannei, zeigt, wie man plündert, und wie man erntet, und das alles kalt und ruhig, ohne zu widerlegen, oder zu streiten, immer karg an Worten, und reich an Geist.

Sie verlangen mein allgemeines Urtheil über die Franzosen. Ich kan nur Außenlinien zeichnen, nach der Gesellschaft, die ich besuchte; wer eine Nazion darstellen wolte, in ihrem Wesen und Sein, müßte, mit

mehr

mehr Menschenkentniß, auch länger forschen, als ich, aber auch nicht zu lange, weil sich endlich das Auge verwöhnt. Er müßte wenig Reflexionen liefern, sondern Rede, Handlung, Leidenschaft, unter Verliebten, Kindern, Vätern, Gatten, unter Fürsten und Knechten, Gruppen aus der wallenden Natur, so würde anschaulich, wie sie mit einander das Leben genießen, oder ertragen, wie sie leiden, wie sie sich freuen.

Wir haben freilich ihr Theater und ihre Romane. Collés Lustspiele, der Frau Riccoboni Schriften sind Gemälde der heutigen Franzosen, und treu, wie Fieldings Bilder, aber nur für ihren Gebrauch. Dem Eingebornen fallen andere Züge, und andere dem Ausländer auf; jener übersieht alltägliche Seltsamkeiten, welche diesem äußerst merk-

merkwürdig ſind. Fehler werden aus Va-
terlandsliebe verſchleiert. Finden Sie, zum
Beiſpiel, in ihren Schriften ihrer Gleichgültigkeit gegen alles Fremde gedacht, ihrer
Unwiſſenheit ausländiſcher Sachen? Dennoch iſt dies ein charakteriſtiſcher Zug, der,
wenig ſeltene Männer ausgenommen, die
ganze Nazion unterſcheidet. Ich war arg in
meiner Erwartung getäuſcht, als ich, auf
das Wort unſerer Kunſtrichter, glaubte, daß
wir in Paris wenigſtens eben ſo berühmt,
als in Leipzig ſein. Sie kennen unſere Na-
turkundiger, unſere Meßkünſtler, unſere Mi-
neralogen; wohl verſtanden, wenn ſie latei-
niſch ſchreiben, ſie verehren Leibniz und
Hallern, ſie verſichern, daß Monſieur Gau-
cher (Gottſched) ein großer Mann geweſen
ſei; aber von unſerer Litteratur, von unſerm
. Theater,

Theater, von unfern Dichtern und Profai=
ften wiffen fie wenig, oder nichts. Unfer
treflicher Rabener macht, in feinem galli=
fchen Kleide, eine abgefchmackte Figur. Sa=
tirifcher Wiz ift nicht zu verpflanzen; er ift
geheftet an die Zeit, oft an die Provinz, wo
er zu Haufe gehört. Was in Sachfen to=
bendes Lachen erregt, wird Unfinn in der
Ueberfezung. [1] Geßners Idyllen haben,
wie die Stimme der Natur, unverdorbene
Mädchen und Jünglinge erweckt, die fie mit
Thränen der Empfindung lefen; für die
Meifter vom Stul malt er zu fleißig: Son
travail, fagen fie, eft trop leché; ce font
des Détails trop minutieux; il n'a pas le
coup

---

1) Z. B. in den Hofmeifterbriefen, nota bene
raucht Bremer. Il fume du Tabac de Bréme,
was foll da ein Franzos bei denken?

coup d'œil de l'ensemble, & il ne saisit point
ces traits frappans qui transportent l'ame,
& intéressent le génie. Und das klingt gut
im Munde der Franzosen, wenn man ihre
Verslein gelesen hat. Lessing ist als Fabel-
dichter bekant, aber man führt von ihm
nichts anders als seine Furien an. Wie-
land würde unstreitig gefallen, unter seinen
dünndrapirten Mädchen, wär es möglich
die Malerei à la Gouasse so leicht und luftig
überzutragen, aber das will nicht gelingen;
es komt, wie die bunten Kupferdrucke nach
kolorirten Zeichnungen, heraus; alles ist
überladen und wird Sudelei. Dorat hat es
mit der Selima versucht:

Son teint est animé du plus frais co-
loris

Erster Theil.   T   Et

Et présente au Zéphyre, heureux de s'y
méprendre,
La pourpre de la rose & la blancheur
du lis.

So stellt sie sich dem Zephyr dar, und
der Glückliche weis in der Verlegenheit nicht,
ob er eine Rose, oder eine Lilie, gewahr wird;
für den Deutschen ist sie ein geschminktes
Ding, das wenig Neigung einflößt.

Klopstocks Ruf verbreitet sich zwar, nur
sein Name macht ihnen bange; keine fran-
zösische Kehle würgt ihn heraus. Einige haben seinen Adam gelesen, wenige gefühlt
und erreicht. Sa maniere, sagen sie, est
noire & sombre. Il peut être sublime,
mais il est trop abstrait. Il s'est formé sur
les Anglois. Ich kenne den einzigen Dide-
rot nur, der sich Gesänge aus dem Mes-
sias

sias mühsam dolmetschen läßt, und, durch
das trübe Medium, die stille Erhabenheit
des Dichters entdeckt.

Ueberhaupt ist ihre Meinung von uns,
wir wüßten alles, was andere wissen, aber
wenig aus uns selbst, unser Geschmack sei
ganz unbildbar, unsere Sprache zu rauh
für die Dichtkunst. Um es zu beweisen,
haben sie irgend ein hartes Wort in Bereit:
schaft, und geberden sich dabei, als im
Kinnbackenzwang. Viele glauben ernsthaft,
der König von Preußen schreibe darum al:
lein in ihrer Sprache, weil es nicht mög:
lich sei, sich im Deutschen en homme d'esprit
auszubrücken. ²)

T 2   Es

2) Seitdem Huber übersezte, und in einer edlen
   reinen Sprache Nationalgeprág zu erhalten
                                      wußte,

Es ist doch mißlich um den Ruhm, der von einem Pol zum andern fliegt. Wie viel Unsterbliche giebt es nicht, die ihren Nacken an den Sternen reiben! funfzig Mei= len von ihrer Heimat nent man sie nicht; zehn Jahre später sind sie vergessen. Ein Engländer hat berechnet, daß monatlich in Großbritannien wenigstens dreißig große Männer sterben, die außer ihrem Kirchspiel der ganzen Erde unbekant sind. Auch die An= glomanie wandelt leisern Schritts, als es manche Spötter versichern; man wird vier= eckige Kutschen, Kadogans und Reitknechts= überröcke gewahr; man kennt die Schrift= steller aus der Zeit der Königin Anna; man

erzählt,

wußte, kennt und beurtheilt man die Deutschen besser; dennoch wird man noch nicht viel mehr von uns, als von den Chinesern, wissen.

erzählt, das brittische Theater sei ein ekel=
haftes Blutbad, und ihre Verfassung ein
anarchisches Volksregiment; alles andere
schränkt sich auf ein Paar Berichtigungen
von Voltairens Formeln ein.

Le Nord — ist das Fleckchen Land, von
Hamburg bis Nova Zembla. Ein wohler=
zogener Franzos, der sich eben nicht auf die
Erdbeschreibung legt, stellt sich das ungefähr
ein paarmal so groß als die Picardie vor.
Viele haben mich hier so neugierig nach den
Grönländern gefragt, als ob sie Haus an
Haus bei uns wohnten. ³) Ein Naturkun=

T 3   diger

3) Darum hat Herr Tremarec de Kerguelen dem
Journal seiner Reise auf die Isländische Küste
eine Nachricht von den Samojeden angehängt,
(aus Müllers Samlung russischer Geschichte)
parceque c'est un peuple du Nord, und müs=
sen

diger wolte allerlei von Pontoppidans Waſ-
ſerſchlange wiſſen, und von dem Kraken, der
einige Meilen groß iſt.

Gewöhnlich reiſen die Franzoſen nirgends hin als nach Italien; dort beſehen ſie
Kirchen und Bilder, denn alle ſchwazen
über Schönheit und Kunſt; wenige beſuchen
England in der neuern Zeit; überall komt
man ihnen unterthänig mit ihrer Sprache
entgegen; ſie erfahren alles durch die zweite
Hand, jeder Gegenſtand ändert Geſtalt

und

ſen wol dort herum wohnen. Der nämliche
fand, zu Bergen in Norwegen, ein Bild, das
einen Bauer vorſtellt, der einen Bären mit
den Händen erwürgt; (eine Fabel, die man
den Kindern erzählt,) er ließ es ſauber in Kupfer
bringen, und ſchaltete es mit der Erläuterung
ein:

Maniere de prendre les ours en Norwege.

und Farbe. Außerdem sind sie der bescheidenen Meinung, daß sie, mit andern Völkern
verglichen, ungefähr sind, was zu Perikles
Zeit die Griechen waren. Sie finden bei
sich Ueberfluß; es verlohnt ihrer Mühe nicht,
fremde Weisheit zu sammeln; daher schäzen
sie am Ausländer weniger eigenthümlichen
Werth, als jede Eigenschaft, die sie mit ihm
theilen. Es ist ein elendes Verdienst, ihre
Sprache gut und geläufig zu reden, und nichts
erwirbt hier schleuniger Freunde, als ce Talent, wie sie es nennen.

Also geht es langsam und beschwerlich
mit dem Kreislauf der Wissenschaften zu;
unter den Völkern tauscht sich Ueppigkeit und
Thorheit viel leichter als Weisheit um; alle
Eingänge sind durch hohe spanische Reuter
versperrt. Religion, Erziehung, Vorur-

T 4   theile,

theile, lagern sich überall in den Weg; aber es ist eine Frage, mein Freund, ob ein Volk, das sich einschränkt in vaterländische Grenzen, nicht geschwinder seine Bildung vollendet, ob es nicht an eigenem Gehalt, an Intensität gewinnt, was es an Ausbreitung verliert?

Die gute Geselschaft in Frankreich ist weichlich, sanft und gefällig. Wenn ein Mund sich öfnet in der größten Versamlung, so schweigen die andern und horchen, mit einem schmachtenden Blick. Selbst der Ton der Stimme ist leise, wie der eines wieder genesenen Kranken; man widerspricht nicht, man bittet um Belehrung; man entscheidet nicht, man vermuthet nur; freilich wird nichts untersucht, nichts abgehandelt, man übergleitet die Oberfläche allein, und faßt jedes

jedes Ding behutsam an, bei seinen äußersten Enden.

Bei dem allen ist der Umgang nichts weniger als tolerant. Eine ängstliche Furcht vor dem Lächerlichen herscht despotisch über den Geist. Niemand wagt es ein eigenes Wesen zu sein, jeder sieht sich nach einem Vorbild um, das im Besiz ist, den Ton zu geben. Also stimt sich Wendung, Wiz und Sprache durchaus zum ermüdenden Einsklang. Wahrheit gefällt nur im Puze des Tags; man erträgt ein zierliches Geschwäz ohne Meinung, aber keine Weisheit ohne Schmuck; täglich wandeln Wörter aus dem Palaste zum Pöbel, täglich werden für die Genies andere gemünzt. Selbst die Gegenstände der Unterhaltung sind dem Eigensinn der Mode unterworfen; nun ist Staats-

T 5 ökono-

ökonomie die Fabel im Drama, und für die
Episoden, Wohlthätigkeit. Es klingt lustig,
eine junge Dame über den einzigen Impot
und die Kornsperre mit vieler Salbung lispeln
zu hören; mit unter drängt sich eine Geschichte aus den Affichen hervor, wie ein
Sohn seinen Vater nicht verhungern lassen
wolte, oder wie ein Dorfpriester funfzig
Livres unter seine Gemeinde vertheilt hat.

Aber freilich sind wir gegenwärtig der
Inhalt aller Gespräche. Ich höre täglich
mit neuem Erstaunen, wie es in Dännemark hergeht, und was sich im Hôtel de
York 4) zuträgt, alles lauter gut gemeinte,
wohl erzählte Begebenheiten, nur ist nicht
eine Silbe wahr. Ein Wort giebt vielleicht
unmerklichen Anlaß, und das wuchert gleich

in

4) Wo der König von Dännemark logirte.

in einem französischen Kopfe, die Anekdote geht von Mund zu Mund, spizt sich zu und rundet sich ab, endlich wird es mit Reimen verziert, damit es auf die Nachwelt komme — durch den Merkur.

Gelehrte und Künstler von unstreitigem Werth werden ohne den Firniß der Welt nicht geschäzt; ihr Ruhm mag durch Europa erschallen, in Paris fragt man eher einen Haarbeutelschneider, als ihre Wohnung aus. Cet homme, sagen sie, a bien du mérite, mais c'est du baume dans un vilain vase. S'il est savant, tant mieux pour lui, mais non pas tant mieux pour les autres. Seine Achtung nimt im Verhältnisse zu, als er viel oder wenig zum Vergnügen der Unterhaltung beiträgt. Wenn sie also von einem berühmten Ausländer hören,

ren, so entsteht unmittelbar in ihrem Ge=
hirn der Begriff, daß es der beste Gesel=
schafter von der Welt sein müsse. Bei der
Gelegenheit kan ich Ihnen eine drollige Ge=
schichte erzählen.

Als Hume in Paris erwartet wurde,
ging ihm sein Name voraus; alle gute Köpfe
harrten ungedulbig, parceque, hieß es, c'est
un homme d'un esprit infini. Kaum war
er auf dem festen Lande, so kabalirte man
schon in den ersten Kotterien, um ihn früher,
gewisser an sich zu ziehn. Es gelang einer
eleganten Prinzessin, daß sie ihn haschte, den
Wundermann, da sie es war, die ihn in
den Zirkel der Welt einführen solte. Man
veranstaltete ein Abendessen, Charten flogen
nach allen bekanten Cailleten, pour les in=
viter

viter à un souper délicieux où se trouveroit
Monsieur Ume.

Nun erschien der trockne, launige Mann,
der den Mund nicht aufthut, wenn ihn nichts
intereſſirt, und freute ſich wol in ſeinem Herzen über dieſe Cerealien, wo alle Weiber
über ihn herfielen, um auszumachen, ob er
ein Weib ſei. Nichts blieb unverſucht, um
ihn zu elektriſiren; man ſprach de ſes char-
mans ouvrages, die Niemand von ihnen le-
ſen konte, du génie profond de Meſſieurs
les Anglois; umſonſt, der Undankbare blieb
einſilbig und kalt, und gab nicht einen Funken von ſich. Endlich zuckten ſie betroffen
die Schultern, blickten ſich einander mitleidig
an; den andern Tag flüſterte man ſich ins
Ohr:

que Monsieur Ume n' étoit qu' une Bête.

Ein

Ein Erzspasvogel sezte hinzu: Cet homme a fourré tout son esprit dans son livre.

Dennoch ist diese Forderung nicht ohne Vortheil in ihren Folgen. Weil man von den Gelehrten Lebensart begehrt, so bilden sie emsiger an ihren Sitten, und lernen endlich die Manieren der Welt. Hier treffen Sie auf keine Karikaturen, die sich aus der Trödelbude verzieren, nicht auf die cinische Gattung, die, von Großen ernährt, ungezogen auf höhere Stände schimpft, keine dreiste Schreier, keine blöde Tropfen, weder Gestalten mit Pallisadenanmut, noch bewegliche kurzweilige Pantins. Hier verträgt sich leichter, einnehmender Anstand mit tiefer, ernsthafter Wissenschaft, und man kan Arabisch verstehen, wie Reiske, und dennoch unter den Hofleuten glänzen.

Lassen

Laſſen Sie uns gerecht ſein gegen dieſes Volk. Es giebt würdige große Männer unter ihnen; ſie ſind ein freundliches, heiteres, gutmütiges Menſchengeſchlecht. Wir ſolten manches von ihnen lernen; ſie verdienen unſere Achtung und Liebe, und, was auf dieſem Erdenleben ein nicht geringes Verdienſt iſt, ein Verdienſt, das wir nicht wieder vergelten — ſie beluſtigen uns.

Ein Freund, dem ich vorſtehenden Brief mittheilte, ſchrieb auf den Umſchlag:

„Zu der Note Hubern betreffend.

O ihr künftigen Huber, überſezt die Deutſchen nicht mehr! weh' uns, wenn ihr die Fremden ladet auf unſere Thränenübung im Mondſchein, auf den Veitstanz konvulſiviſcher Leidenſchaften, auf den ſtark

ſein

sein sollenden Unsinn, abentheuerlich aus
Barden und Skalden geplündert, auf die
Dramen, wo alle Helden Renomisten,
und alle Bösewichter Schaarwächter sind,
wenn ihr absingt, mit dem Stab in der
Hand, unsere Mord= und Gespensterge=
schichteln, oder gar den Geist und die Kraft
der Nazion aus Krügen und Herbergen —
Volkslieder, die man nachzuleiern nicht er=
röthet, als wär es ein schimmerndes Ver=
dienst — so wizig als ein Handwerksbursch
zu sein. Wer Lessing, Mendelssohn, Zim=
mermann, den Agathon, und Sulzern ge=
lesen hat, wer sich an Klopstocks himlischen
Gedichten, an Wielands irdischen ergözte,
und nun, zehn Jahre später, eine sinlose,
zerhackte, holperige Prose, oder flache Knit=
telreime hört — muß er nicht von dem deut=

schen

schen Genius glauben, daß sein männliches
Alter vorbei ist, daß er wieder zur faselnden
Kindheit herab sinkt? Auch die Alten hatten ihre Pöbeleien, im Drama, in der Satire, wenn es Zweck und Eigenheit foderte;
sie verstanden es proprie communia dicere,
aber es fiel ihnen nicht ein, sich niederzu-
lassen in der leeren sumpfigen Gegend der
Natur, dort allein Moor- und Heideblu-
men zu sammeln. Wenn der Strohfidel-
versler und der Bänkelsänger den Dichter
bilden soll, so wird der spruchreiche Hoch-
zeitbitter und der Kranz aufsteckende Zimmer-
gesell auch bald den deutschen Redner unter-
richten.

Durch solche Würfe sind wahrlich die
Griechen nicht unsterblich geworden, sie, die,
in der vollkommensten Euphemie, tiefen In-

halt in reizenden Ausdruck kleideten. Von
ihnen, also von dem Genie, empfing Ari-
stoteles seine Regeln, und gab nicht Geseze
dem Genie, die man jezt so gerne verachten
mögte, weil man sie nicht mehr ausüben
kan. —"

Ich erkläre feierlich, daß ich keinen An-
theil an diesem Ausfall nehme, auch dünkt
mich, daß die Furcht meines Freundes un-
gegründet sei. Viele unserer neuen Werke
sind — unübersezbar, und freilich keine ge-
würzte Leckereien, aber gesunde Kost für
deutsche Magen — wie die Eicheln für unsere
Väter.

Laßt die alten Herren immer zürnen,
weil ihr Ansehn nichts mehr gilt. Nach dem
allgemeinen Lauf der Dinge, wird der ältere
durch den jüngern von der Bühne verdrängt.

Wir

Wir sind der geseilten Arbeit müde; es ist
Zeit, daß endlich Mutter Natur einmal
spricht, wie ihr der Schnabel gewachsen ist.
Warum soll denn allein ein ekler Kreis von
Kennern belustigt werden? Wir lassen uns
jezt zu der unverdorbenen ehrwürdigen Men=
schengattung herab; ist sie erst durch Redner
und Dichter, wie das athenische Volk, ge=
bildet, so wird ihr Beifall Siegel der Vor=
treflichkeit. Schon wandelt allmählig die
populär gewordene Litteratur aus den Zim=
mern, unter die Treppe, und mir ist eine
Lesegesellschaft bekant, zu welcher ein Paar
Kutscher gehören.

Pitt.

Pitt.

Pitt stand allein auf seiner hohen Stelle;
die Flut der neuen Sittenverderbniß strömte
tief unter ihm hin. Er hatte sich selbst gebildet, und sank nie zur Nachahmung, auch
der größten Männer herab. In seiner Gestalt ist strenger Ernst, wie in den Formen
der ältesten Kunst, und auch die Härte derselben. Ihm ist kein Staatsmann aus der
Geschichte zu vergleichen. Er verachtete die
Politik; ihre Ränke waren ihm entbehrlich.
Nie hat er gestrebt Recht zu behalten; nie
hat man ihn überredet, oder bewogen. Er
riß ein und baute, herschte, überwältigte;
Englands Größe war sein Ziel, und sein
Ehrgeiz Unsterblichkeit. Nie erhub sich in
seinem

seinem Lande ein großer Mann ohne Parthei; er allein vernichtete alle Partheien.
Alle Britten waren mit ihm einig. Unter
einem verkäuflichen Volk hat er nie eine
Stimme gekauft. Frankreich sank unter der
Kraft seines Arms, der die bourbonische
Ligue zertrümmerte, und Englands wogen-
thürmende Demokratie nach allen Richtun-
gen seines Willens trieb. Er sah ins Gren-
zenlose, und maß das Schicksal von Jahrhunderten mit Einem Blick. Seine An-
schläge wurden immer durch unerwartete
Mittel ausgeführt, die sich den Umständen
anschmiegten, immer in die eigene Minute
trafen, wo sie gelingen mußten. Hindernisse
und Kräfte waren seinem Geiste auf einmal
gegenwärtig, den gleichsam eine Gabe der
Weißagung stärkte.

U 3   Diese

Dieser Mann paßte nicht in seine Zeit, nicht unter die Pigmäen seines Jahrhunderts. Furchtsam blickten sie an ihm hinauf; alle Klassen der feilen Rotte zitterten bei dem bloßen Namen Pitt. Freilich besizt er die Verdienste eines guten, freundlichen Mannes nicht; diese sind nur für Menschen von minderer Größe. Unempfindlich gegen die sanfteren Freuden des häuslichen Glücks, sah er unverwandt auf Britanniens Schicksal, trat unter seine Helden und Gesezgeber hin, und entschied's.

Seine Beredtsamkeit war leicht und helle, und drückte die erhabensten Empfindungen durch gemeine Redensarten aus. Sie war weder dem reissenden Strom des Demosthenes, noch der verzehrenden Flamme des Tullius ähnlich, sondern sie glich zuweilen

dem

dem Donner, zuweilen der Musik der Sphä-
ren. Er verleitete, feſſelte den Verſtand
nicht, durch mühſam verkettete Schlüſſe, wie
Mansfield; er war nie, wie Townshend,
auf der Folter, um Wiz und Talente zu zeigen: ſondern er umſtralte den Gegenſtand,
und traf ſicher den Punkt, durch den Bliz
ſeines Geiſtes, den man, wie den Bliz ſeiner Augen, nur empfindet, nicht beſchreibt.
Er konte nach Willkür umbilden, erſchaffen,
zerſtören. Er hätte ein wildes Volk unter
Ordnung und Geſeze vereinigt. Er verſtand's, ein freies Volk wie Sklaven zu be-
herſchen, ein Reich zu gründen, oder zu
vernichten, und einen Streich zu ſchlagen,
der durch die Welt wiederhallte. [1]

U 4   So

[1] Bis hieher gehören einige Züge einem engliſchen Schriftſteller.

So war Pitt im lezten Krieg. Und wer konte widerstehn, als er in der Toga stand, und für die Kolonieen gegen die Stempelakte sprach: „Eure Herschaft über „Amerika ist unumschränkt, wenn es auf „Regierung, auf Gesezgebung ankömt, aber „ihr seid nicht befugt, Steuern von den „Kolonisten zu fordern. Sie haben mit „uns gleichen Anspruch auf die Rechte der „Menschheit, auf die Rechte von England; „sie sind keine Hurenkinder, sondern eure „Söhne. In unserm Vaterland ist das „Recht Steuern aufzulegen weder ein Theil „der regierenden, noch der gesezgebenden „Macht; Steuern sind ein freies Geschenk „der Gemeinen. Dieses Haus stellt die Ge= „meinen vor; darum geben und bewilligen „wir, was wir geben können, unser Eigen= „thum,

„thum. Aber wenn wir dem König Steuern
„von Amerika bewilligen, so bewilligen Sr.
„Majeſtät Gemeinen von Großbritannien
„— unſer Eigenthum? nein, das Eigen=
„thum Sr. Majeſtät Gemeinen in Amerika.
„Einige ſagen, die Koloniſten werden vir=
„tualiter durch dieſes Haus repräſentirt.
„Ich frage, durch wen?- durch Abgeordnete
„irgend eines Diſtrikts, irgend einer Stadt
„— wo ſind ſie? ein verächtlicher Einfall,
„der keine Widerlegung verdient. Warum
„wollt ihr unmittelbar in der Taſche eurer
„Brüder plündern? Steuern ſie nicht mit=
„telbar beſchwerlicher als wir, durch eure
„Monopolien? Müſſen ſie nicht alles von
„euch, ſo theuer als ihr wünſchet, kaufen?
„alles an euch, ſo wohlfeil, als ihrs wollt,
„verkaufen? dürfen ſie den Segen ihres

U 5 „Landes

„Landes und die Früchte ihres Fleißes irgend
„Jemand anbieten? Ihr erlaubt keinem
„Volke der Erde auf diesem Markt neben
„euch zu stehn. Man erzählt uns, daß
„Amerika hartnäckig ist, daß es einen öffent=
„lichen Aufruhr gewagt hat. Ich, meine
„Landsleute — ich freue mich, daß es wider=
„steht. Drei Millionen Menschen, die sich
„freiwillig unter die Knechtschaft beugten,
„würden künftig taugliche Werkzeuge sein,
„auch uns das Joch auf den Nacken zu hef=
„ten. Seit König William hat kein Mini=
„ster den fürchterlichen Plan gewagt; er war
„unsern Zeiten vorbehalten.

: „Wenn Amerika fällt, so wird es die
„Pfeiler des Staats ergreifen, und hinstür=
„zen auf die Trümmer unserer Verfassung.
„— Ist dies euer gerühmter Frieden? Ihr

„wollt

„wollt das Schwert nicht in die Scheide,

„sondern in die Eingeweide eurer Brüder

„stecken."

Die Verehrer Pitts wünschen einen Tag
aus seinem Leben zu vertilgen, dessen Geschichte Lord Chesterfield in folgenden Worten
erzählt: „Pitt hatte freie Hand alle Mini-
„ster zu nennen; und errathen Sie, wozu
„er sich gemacht hat? zum geheimen Sie-
„gelbewahrer und — werden Sie's glauben?
„zum Lord Chatham. Hier ist der allge-
„meine Scherz, daß er die Treppe hinauf
„gefallen ist, und zwar so unglücklich, daß
„er in seinem Leben nicht wieder auf die
„Beine kommen wird. Nun ist er nichts
„mehr, als Lord Chatham, und in keiner
„Bedeutung mehr Pitt. Ich kenne in der
„Geschichte kein ähnliches Beispiel. So ir

„der

„der Fülle seiner Macht wegzusinken, im
„Genuß des befriedigten Ehrgeizes, das
„Volk, das Haus der Gemeinen zu verlaſ-
„sen, das ihm allein Macht gab, ihm al-
„lein Macht versichern konte, ins Hospital
„der Unheilbaren, ins Haus der Lords zu flüch-
„ten — es ist ein unglaublicher Schritt.“ [2])

Dennoch haben andere den großen Mann
nicht ohne Nachdruck vertheidigt, der entkräftet in Schatten zurücktrat, als England
durch ihn triumfirte. Weder Würden noch
Titel konten Pitt erhöhn, sondern er ent-
wich allein dadurch dem Geräusch und den
Stürmen der Regierung, weil er Ruhe
wünschte nach unsterblichen Thaten; und
verdient sie vielleicht der Retter seines Volks
nicht?

Aber

2) Lettres to Mr. Stanhope.

Aber als er neulich sich wieder auf seinen Krücken empor hub, und im Parlament mit sterbender Stimme rief: „Britten, ihr „wollt Frieden kaufen? aufopfern Ruhm „und Herschaft, nicht züchtigen Frankreich, „das vor euch bebte, euch nun Hohn spricht? „— Ich — zeuge wider euch bei der Nach= „welt. Auf, laßt uns kämpfen, fallen, „wenn es sein muß, unter den Trümmern „des Vaterlandes!" War das nicht wieder die große Seele Pitt's, die neuverklärt über ihrem Leichnam schwebte?

Die gegenwärtige Epoche von England erinnert an Roms gefahrvollen Krieg mit Tarent und den Chatham jener Zeit. Pyr= rhus, als Bundsgenoß der Tarentiner, hatte den Konsul Levinus überwunden, und stand mit

mit seinem Heer nur achtzehn Stunden von
Rom; aber weil er Römermut zu würdigen
verstand, so trug er dem Senat gleich nach
erfochtenem Sieg freiwillig einen Vertrag
durch den Philosophen Cineas an, der, durch
Geschenke und Gründe und durch aller
Schmuck der Redekunst, das Erbieten zu
empfehlen wußte. Schon wankte der Rath;
und einige stellten vor, daß eine große Schlacht
verloren sei, daß eine zweite gefährlicher,
entscheidender werden könte, weil manche
Völker Italiens sich mit Pyrrhus vereinigen
wolten. Rom war im Begriff, einen schimpf-
lichen Frieden, als eine Wohlthat, anzu-
nehmen. Aber Appius Klaudius lebte noch,
der, im hohen Alter und des Gesichtes be-
raubt, fern von Geschäften unter seinen Lor-

beern

beern ruhte. 3)   Er hörte nicht so bald die friedliche Neigung des Senats, als er sich in einer ofnen Sänfte über den großen Plaz

von

3) Es verlohnt sich der Mühe anzuführen, was Cicero von diesem Manne sagt. „Appius Klau„dius war nicht allein alt, sondern auch blind; „dennoch, als der Senat zum Frieden mit „Pyrrhus geneigt war, sprach er dawider, wie „Ennius solches in folgenden Versen ausdrückt: „Wie ist euer standhafter Mut auf einmal „so thörig und tief herabgesunken, ihr Römer!“ Und an einer andern Stelle: „Appius stand „seiner Familie vor, und war alt und blind; „sein Geist war gespannt, wie ein Bogen; er „unterlag der Schwachheit des Alters nicht, „und erhielt nicht allein Ansehen unter den „Seinigen, sondern er beherschte sie auch. Er „war gefürchtet von seinen Knechten; von sei„nen Kindern geehrt, und geliebt von allen.

An

von Rom nach dem Kapitol bringen ließ. An der Thüre erwarteten ihn seine Schwie= gersöhne und Kinder, auf deren Arme ge= stüzt er in die Versamlung trat, die bei dem Anblick des großen Mannes in stiller Ehr= furcht schwieg. ·

„Römer,“ sprach er, mit zitternder Stimme, „ich bin schon lange blind, und „ertrage mein Schicksal ungedultig; aber „heut wünschte ich auch taub zu werden, um „eure Schlüsse nicht zu hören. Wo ist euer „Troz, wo sind die hohen Reden, die durch „die Welt erschallten? Eure Bäter, rühm= „tet ihr, hätten den Alexander verachtet? „Habt ihr nicht oft wiederholt, daß Rom „nur der Triumf noch fehlte, mit ihm gekriegt „zu

*In seinem Hause blühten alte väterliche Sit= *ten und Zucht. Cato major, vel de Senect. ·Gap. V. und XI.

„zu haben, daß er durch seine Flucht, oder
„durch seinen Tod euch verherlicht haben
„würde? Das war also eitle Pralerei? —
„Die Mazedonier fürchtet ihr nicht; aber
„die Molosser und die Chaonier? Den Alex-
„ander fürchtet ihr nicht; aber wol den Pyr-
„rhus, der als Knecht bei seinen Knechten
„diente? — Ihr träumt Frieden zu kaufen;
„Krieg und Untergang werdet ihr für Schan-
„de kaufen! Wenn euch Pyrrhus gedemütigt
„hat, wenn man euch erst verachtet, so wer-
„den andre Feinde sich wafnen, und über das
„erniedrigte, mutlose Volk herfallen. — Ha,
„ihr Schuzgötter meines Vaterlandes! wel-
„cher Tag! — Pyrrhus siegt, und giebt Rom
„dem Spott aller Barbaren Preis.‘‘ 4)

Rom verwarf den Frieden und siegte.

4) Plutarch im Pyrrhus.

Erster Theil.   X   Klop-

Klopſtock an Boie.

Ich habe Tellows Briefe an Eliſa mit inni=
gem Vergnügen geleſen. Mögen ſie doch
für den größten Haufen manch unwichtiges
enthalten; mich intereſſirt jede Miene des
Mannes, den ich mit warmer Zärtlichkeit
liebe; alles erneuert mir den Genuß beſſerer,
vergangener Zeiten.

Als ich im Hauſe des unſterblichen Bern=
ſtorfs mit ihm lebte, mein Herz mit ihm
theilte, über alle Wünſche glücklich war unter
den beſten, edelſten Menſchen — heiterer
Morgen einer trüberen Zukunft! — Meine
Bekantſchaft mit Klopſtock bildete ſich ſchnell,
und in ſieben unvergeßlichen Jahren ſind,
außer einer achtmonatlichen Reiſe, wenige

Tage

Tage verfloſſen, worin wir uns nicht ſahen.
Nie hat in dieſer Zeit ein Wölkchen Laune
unſre Freundſchaft umdämmert; denn auch
als Freund iſt Klopſtock

Eiche, die dem Orkane ſteht.

Gegenwärtig, ferne von ihnen, oder im
täuſchenden Schatten, er verkennet ſeine
Freunde nie. Hat er einmal geprüft und ge=
liebt, ſo währt's ewig, laß auf ſein Urtheil
Wahrſcheinlichkeiten und künſtlich erlogene
Thatſachen ſtürmen.

Ich will, lieber Boie, auch aus meinem
Gedächtniß einzelne Züge für die wenigen
ſammeln, denen das Bild eines würdigen
Mannes Geiſteswolluſt gewährt. Alles iſt
mir ganz gegenwärtig; denn ich empfinde,
lebe, genieße immer noch in der vergangenen
Zeit.

Klop=

Klopſtock iſt heiter in jeder Geſelſchaft, fließet über von treffendem Scherz, bildet oft einen kleinen Gedanken mit allem Reich= thum ſeiner Dichtergaben aus, ſpottet nie bitter, ſtreitet beſcheiden, und verträgt auch Widerſpruch gern; aber ein Hofmann, lie= ber Tellow, iſt er darum nicht, wenn ich auch nur einen Gefälligen unter dem Worte verſtehe, der ſich geſchwind bei Höhern ein= ſchmeichelt. Seine Geradheit hält ihn viel= mehr von der Bekantſchaft mit Vornehmern zurück, nicht daß er Geburt und Würde nicht ſchätze, aber er ſchäzt den Menſchen noch mehr. Er forſcht tiefer nach innerem Ge= halt, ſobald ihn Erziehung und Glanz blen= den können, und er fürchtet, als eine Be= ſchimpfung, die kalte, beſchüzende Herablaſ= ſung der Großen. Darum muß nach dem

Verhält=

Verhältnisse des Rangs immer ein Vorneh-
merer einige Schritte mehr thun, wann ihm
um Klopstocks Achtung zu thun ist. Selten
findet ihr ihn in der sogenanten guten Geselschaft, im Zirkel abgeschliffener Leute, bei
welchen, wie auf König Williams Schillin-
gen, kaum ein Gepräg mehr kentlich ist, die
sich täglich ohne Liebe suchen, ohne Kummer
verlassen, über alles gleiten, und an nichts
Theil nehmen, ihre Zeit unter Spielen und
Schmausen, wie eine Bürde, fortschleppen
— sie sind auf der Leiter der Wesen nur einen Sproß höher als Puppen im Uhrwerk,
die, auf ihrer Walze befestigt, sich ewig in
der nämlichen Schwunglinie drehen. Dafür
zog Klopstock lieber mit ganzen Familien seiner Freunde aufs Land; Weiber und Männer, Kinder und Diener, alle folgten und

X 3

freuten

freuten sich mit. Wir suchten dann unweg‐
same Oerter, finstre, schauervolle Gebüsche,
einsame, unbewanderte Pfade, kletterten
jeden Hügel hinauf, späheten jedes Natur‐
gesicht aus, lagerten uns endlich unter einer
schattigen Eiche, und ergözten uns an den
Spielen der Jugend, ja nicht selten misch‐
ten wir uns drein. Oft zeigte Klopstock einen
fernen Baum. „Dorthin!“ rief er, „aber
geradezu — wir werden auf Moraſt und
Gräben treffen — ey bedächtlicher! so bauen
wir Brücken;“ — und so wurden Aeste ge‐
hauen; wir rückten, mit Faschinen beladen,
als Belagerer fort, sicherten den Weg, und
erreichten das Ziel. Klopstock ist immer mit
Jugend umringt. Wann er so mit einer
Reihe Knaben daher zog, hab’ ich ihn oft
den Mann von Hameln genannt. Aber auch
dies

dies ist Gefallen an der unverdorbenen Na=
tur. Deutschland verdankt seiner Jugend=
liebe einige seiner beſſern Menſchen; unſre
Stolberge und Karl Cramern hat ſeine Zärt=
lichkeit früh gebildet.

Klopstocks Leben iſt ein beſtändiger Ge=
nuß. Er überläßt ſich allen Gefühlen, und
ſchwelgt bei dem Mahle der Natur. Nur
wann ſie aus dem Kunſtwerk athmet, iſt die
Kunſt ſeiner Huldigung werth; aber ſie muß
wählen, was Herzen erſchüttert, oder Her=
zen ſanft bewegt. Gemälde ohne Leben und
Weben, ohne tiefen Sinn und ſprechenden
Ausdruck, eure Mieris, Netſcher und Slin=
gelande feſſeln ſeine Beobachtung nicht; aber
zeigt ihm Bouchardons Tireſias, wie er die
Schatten beſchwört, Rembrands Lazarus,
wie er zum Leben erwacht, Rubens ſterben=

X 4   den

den Chriſtus: dann hängt er trunken am
Bilde. So auch Muſik. Sie durchſtrömt
ihn, wann ſie klagt, wie die leidende Liebe,
Wonne ſeufzet, wie ihre Hofnung, ſtolz da=
her tönt, wie das Jauchzen der Freiheit,
feierlich durch die Siegespalmen hallt. Im=
mer muß ſie der Dichtkunſt nur dienen, Win=
demens Stimme folgſam begleiten, nie das
Lied verhüllen, ſondern leicht umſchweben,
wie der Schleier eine griechiſche Tänzerin.
O, wie oft lauſchten wir an unſers Gerſten=
bergs Klavier, wann er den holden Wechſel=
geſang mit ſeiner zärtlichen Gattin anſtimte!

Gerſtenberg lebte damals in Lyngbye, nahe
bei Bernſtorf, und hatte, durch eine Reduk=
zion, den größten Theil ſeiner Einkünfte ver=
loren, aber in ſeiner Hütte wohnten heitre
Ruhe der Tugend und alle Freuden der Liebe.

— Licet

— Licet sub paupere tecto
Reges et regum vita praecurrere amicos.

Hier sang er seinen unsterblichen Skalden, manches holde katullische Lied, und erfand die goldenen Träume des guten leidenden Gaddo. Von ihm konten die Hippiasse lernen, daß die Blume der Freude nicht auf ihren Parterren allein blüht, daß sie auch für die Sterne und die Gerstenberge auf einer Sandwüste keimt. Wir eilten zum einsamen Haus, und verließen Paläste, wie man, durch le Notres Gärten, nach dem kunstlosen Hain eilt.

Die freudigste Zeit des Jahrs für Klopstock war,

Wann der Nachthauch glänzt auf dem stehenden Strom.

Gleich nach der Erfindung der Schiffahrt verdient ihm die Kunst Tialfs ihre Stelle.

X 5 Wer

Wer nante dir den kühneren Mann,
  Der zuerst am Maste Segel erhob?
  Ach! verging selber der Ruhm dessen nicht,
  Welcher dem Fuß Flügel erfand?

Eislauf predigt er mit der Salbung eines
Heidenbekehrers, und nicht ohne Wunder
zu wirken; denn auch mich, lieber Boie,
der ich nicht zum Schweben gebaut bin, hat
er aufs Eis argumentirt. Kaum daß der
Reif sichtbar wird, so ist es Pflicht, der
Zeit zu genießen, und eine Bahn oder ein
Bähnlein aufzuspüren. Ihm waren um
Kopenhagen alle kleine Wassersamlungen be-
kant, und er liebte sie nach der Ordnung,
wie sie später oder früher zufroren. Auf die
Verächter der Eisbahn sieht er mit hohem
Stolze herab:

„Säumst du noch immer an der Waldung auf
              dem Heerd', und schläfst
                                Schein-

Scheinbar denkend ein? Wecket dich der
silberne Reif
Des Dezembers, o du Zärtling! nicht auf?
Eine Mondnacht auf dem Eise ist ihm eine
Festnacht der Götter:
Nur Ein Gesez: wir verlassen nicht eh den
Strom,
Bis der Mond am Himmel sinkt!
Wenn ich das Gesez durch Glossen verdrehte,
oder es brach, so ward meine Sünde durch
ein Hohngelächter gerügt. In dem Eislauf
entdeckte sein Scharfsinn alle Geheimnisse
der Schönheit, Schlangenlinien, gefälliger
als Hogarth's, Schwebungen, wie des
pythischen Apolls; schöner als der Liebesgöt-
tin Locken wehet ihm Bragas goldenes Haar.
Die Holländer schäzt er gleich nach den Deutschen, weil sie ihre Tirannen verjagten, und
— die besten Eisläufer sind. Einst traf ich
ihn

ihn bei einer Karte in tiefem Nachsinnen an;
er zog Linien, maß und theilte. — Wird es
wol gar ein Partagetraktat? oder ein Si=
stem eines bessern Staatsgleichgewichts? —
Sehen Sie, rief er, man vereinigt Meere;
wenn man diese Flüsse verbände, hier einen
Kanal zöge, dort noch einen, das wäre doch
unsrer Fürsten noch würdig, denn so hätte
man Deutschland durch eine herliche Eisbahn
vereinigt. Er hat Geseze für den Eislauf
gegeben, mit einem Solonischen Ernst.
Ueber alles, auch über seinen Scherz, weis
er Würde zu verbreiten. Ich verwahre
zwei Briefe von ihm für eine Dame geschrie=
ben, die mich zum Kampf herausfoderte —
auf ein Paar hölzerne Degen, hochtrozend
— wie Longin für die Zenobia schrieb. An=
dere Briefe besize ich wenig von diesem lieben

sohistischen Nichtschreiber. Ich ließe gern
feine Scheingründe gelten, wäre nur ein
andres Mittel bekant, seiner abwesenden
Freunde zu genießen. Aber die Noth ist ers
finderisch. Viele seiner Freunde werden ihm
nun vierteljährig ihre Briefe durch einen
Notar einhändigen lassen, der dann jedes
Wort von ihm auffängt, und ein Instru-
ment drüber verfertigt. Wollen Sie mir
auch Ihre Vollmacht einschicken?

In seiner schweren Geistesarbeit wird
Klopstock durch keinen Einbruch, keine Ueber-
raschung gestört. Ich hab' ihn, als er Herr-
manns Schlacht und manche seiner Oden
dichtete, zu allen Stunden des Tags und der
Nacht überfallen. Nie ward er mürrisch;
ja es schien, als wenn er sich gern durch
eine leichtere Unterhaltung erholte.

Klop-

Klopstock ist dunkel. Tellow hat ihn
gründlich vertheidigt. Grabt in der Mine,
so findet ihr Gold; oder wann euch das zu
mühsam wird, so lest Uebersezungen von
Junker, oder Collier's Kubachiade. Frei
lich feilt er so emsig die Sprache, schneidet
so streng den Ueberfluß weg, wägt so empfind
lich dem Vers und dem Inhalt Tonlaut, Zeit
maaß und Wortlaut zu, schöpft so anhäng
lich aus der Gegenwart Eindruck, daß es so
gemächlich nicht angeht, alle Nüanzen sei
ner Darstellung zu haschen. Oft schreibt er
nur das lezte Glied einer langen Gedanken
reihe hin, und man muß mit seines Geistes
Sitte vertraut sein, wenn man ihm sicher
zurückfolgen will. Wer mit ihm gelebt hat,
versteht ihn leichter, weil er mehr als einen
Faden hält, der ihn durch seine Schöpfungen
führt;

führt; und darum ist es nüzlich und gut, daß jezt schon Tellow seine Oden kommentirt.

Von Klopstocks poetischer Ordnung, von seinem Gousre, der Schriften verschlingt und wieder auswirft — disjecta membra poetae — ließe sich noch manches erzählen; aber Ehre, dem Ehre gebührt: ich habe Klopstocks Papiere einst in lauter goldenen Umschlägen gekant, zierlich auf seinem Schreibtisch geordnet, wie die Briefe eines Stuzers; und das nenne ich die goldene Zeit seines Archivs. Sie währte ganzer acht Tage lang; und wer die Epoche zu erneuern Lust hat, darf ihm nur seine Gedichte in Goldpapier zuschicken.

Eins ist mir leid — daß Tellow der unreinlichen Kaste gewisser Rezensenten erwähnt. Ich finde nirgends, daß man den

Virgil

Virgil gegen namenlose Schwäzer verthei:
digt hat. Wenn irgend ein Bube Montes:
quieus Namen an den Pranger gekreidet
hätte, würde darum der Mann und sein
Werk weniger ehrwürdig bleiben? Es ist
freilich lächerlich, wann die Nazion einen
Schriftsteller gerichtet hat, daß sich ein Qui:
dam hinsezt und erzählt, wie es der besagte
Autor hätte einrichten müssen, um ihm, dem
Kostgänger eines Buchladens, zu gefallen;
aber doch ist es ein bitteres Brod. Ich muß
dergleichen thun, sagte Freron, denn ich muß
leben; je n'en vois pas la nécessité, ant:
wortete der Lieutenant de Police. So oft
man Zachariä ein Stambuch überreichte, beug:
te er sich tief vor dem Besizer: denn es kan
sich treffen, sagte er, daß ich vor meinem
Richter stehe. Ich rede nicht von der Berli:
ner

ner Bibliothek; dieses Werk enthält Män:
nerarbeit, wann sich auch gleich ein seichtes
Blättchen über Klopstock und andere mit ein:
schlich. Rezension ist dort oft nur der Faden,
worauf ächte Perlen gereiht sind. Künftig
etwas über Klopstocks Lieblingsideen, Bru:
tus, Freiheit, Vaterlandsstolz, unsre Spra:
che. Ich denke darüber nicht mit ihm einig.
Gleichheit der Grundsäze verbindet Freunde,
aber Gleichheit der Meinungen nicht. Man:
nichfaltigkeit ist das Gesez der Natur. Ich
wiederhole, was ich irgendwo gesagt habe:
es läßt sich streiten, ob wir in einer Welt
ohne Zweifel und Irthum glücklicher wären.

Fragment aus den Papieren eines verstorbenen Hypochondristen.

Hypochondrie, polipenartiges Ungeheuer! hier lieg' ich ohne Rettung, und winsle, von deinen tausend Armen umstrickt.

Freilich war es meine Schuld, (und dies vermehrt meine Quaal,) daß ich mich im Genuß des Lebens übereilte, und seine Freuden und mich, in einer gedankenlosen Jugend, erschöpfte. Ich war noch nicht dreißig Jahr alt, als ich schon zu leiden anfing. Immer schlug mir, wie einem Uebelthäter, das Herz; ich holte mühsam, wie Sisyphus unter seinen Felsen, Odem; auf traurige Tage folgten jammervolle Nächte; die Welt ekelte mir; ich seufzte nach Einsamkeit, und konte

mir

mir selbst nicht entfliehn. Ein französischer
Arzt versicherte mich, daß ich nichts bedürfe,
als viermal im Jahr einen Coup de lancette,
Ihre Humeurs, sprach er, kochen und stre-
ben; Ihre Gefäße sind überfüllt; Ihre
Nerven überspannt, und das freie Spiel
Ihrer Lunge ist gefesselt. Ich folgte viele
Jahre seinem Rathe, und meine Beschwer-
den nahmen fürchterlich zu.

Danken Sie Gott, daß Sie noch leben,
schrieb mir ein Praktikus; denn Aderlassen
ist ein langsamer Mord. Die Natur, die
sonst allen Ueberfluß wegräumt, hat, wie
Sie wissen, dem Blut keinen ordentlichen
Ausgang geöfnet. Nun arbeitet Ihr ganzes
Räderwerk träge, indem es an Säuften, an
Blut, an Oel zum Reibezeug mangelt. Ihr
Magen hat seine Reizbarkeit verloren, und

Y 2   berei-

bereitet statt Nahrung ein schleichendes Gift. Nehmen Sie von meinen Tropfen, die, ohne Ruhm zu melden, Wunder thun, und trin-ken Sie alten wohlthätigen Wein. Anfangs fruchtete diese Kurart; aber es waren nur Freuden eines Rausches, nur Opiumsträu-me. Denn Morgens, eh ich meine Tropfen verschluckte, befand ich mich bald elender als jemals, und Nachmittags entfloh das Gefühl der Gesundheit, mit den Dünsten des Weins.

Wohl! — deklamirte mein gelehrter Pro-fessor, ein anderer hätte das ohne Tiefsinn vermutet. Denn eine gewaltsame Anstren-gung entkräftet immer in dem nämlichen Verhältniß; man hat Ihre Nerven nur an-gespornt, nicht gestärkt. Ihre Tropfen sind nichts als eine Art Aquavit, und der Wein ist nicht mehr der gesunde Saft der Traube,

sondern

sondern eine halb verdorbene, fermentirte, oft durch Arsenik und Bleizucker[1]) vergiftete

Y 3   Infu-

1) Ein Beispiel einer solchen Vergiftung, dessen ein neues englisches Werk erwähnt, interessirt die Menschheit. Drei junge Leute von guter Familie hatten ziemlich viel jungen Franzwein getrunken, der mit Arsenik abgeläutert war. Zwei starben wenige Tage darauf. Der dritte, vielleicht weil er stärker war, oder weniger trank, entging zwar dem schleunigen Tode, aber sein Körper wurde mit Blutflecken bedeckt; alle seine Ausleerungen, sein Speichel, sein Harn, waren mit Blut gefärbt; er wurde ödematös, erholte sich scheinbar, führte einige Jahre ein sieches Leben, und starb an der Wassersucht. S. Observations critical and historical on the Wines of the ancients — by Sir Edward Barry, Brt. 1776. Manche Patrioten haben diese tödtlichen Misbräuche gerügt. Unzer in seinem Arzt ent-

: daßt

Infusion, ein Getränk, das Krankheiten
zeugt, entwickelt und nährt, und dessen sich
die Vorsicht eben so zweckmäßig, wie der Pest
und Bajonetten, bedient, um Raum für
künftige Geschlechter zu machen. Wasser, und
nichts anders, müssen Sie trinken, und Sie
können des Guten nicht zu viel thun. Ich
füllte, wie die Danaiden, ganze Ladungen
Wasser in meine Gefäße, dehnte meine
Gedärme wie Sprüzenschläuche aus, ohne
daß darum meine Kräfte sich mehrten; ich
wandelte immer kränker und schwächer, und
endlich wie ein Schatten, umher.

Eine meiner Muhmen, eine sittsame
Witwe, schickte mir ihren jungen Hausme=
dikus

deckt eine Menge schädlicher Weinverfälschungen.
Nur unsere Polizei ist noch träge, diesem Meuchel=
mord zu steuern, und die Verbrecher zu strafen.

dikus zu, und dieser trug eine ganz neue Le=
bensordnung vor. Man hat, lispelte er,
Ihre Konstituzion zu ungestüm behandelt.
Wir müssen leisere Schritte thun, und den
Launen Ihres Magens mit mehr Behutsam=
keit schmeicheln. Trinken Sie Milch, die
schon ein halbes Blut ist, und der Natur die
Arbeit der Chilifikazion erspart. Meiden Sie
das Fleisch; denn nur eine verdorbene Ueppig=
pigkeit hat diesen blutgierigen Geschmack ein=
geführt. Wir sind nicht zu Tigern im Walde
erschaffen. Das Pflanzenreich bietet uns
eine gesündre Nahrung dar, und ganze Völ=
ker befinden sich vortreflich dabei.— Unter
allen Diäten ist mir keine übler bekommen.
Um diese Zeit fiel mir ein Buch von einem
Edimburger Arzt in die Hände, der alles,
was die Natur genießbares auftischt, für eine

Y 4   gesunde

gesunde Nahrung der Menschen hält. Wir können, lehrt er, ohne Gesahr, bei dem Kuräken und dem Hottentotten schmarozen. Nur die Menge, nicht die Mannichfaltigkeit schadet. Diese nüzt vielmehr oft, indem eine Speise die schädliche Wirkung der andern aufhebt, wie z. B. das Alkali des Fleisches die sauren Pflanzensäfte mildert. Es ist wahrer Unsinn, das Fleisch zu verbieten, das sich am leichtesten mit unsrer Substanz assimilirt, das unser Magen begehrt, für welches unsre Zähne gebildet sind. Wir Britten leben vom Fleisch, und sind nervig und blutreich, und werden unter jedem Himmelsstrich alt; auch hat die Erfahrung im lezten Krieg in Indien gelehrt, daß ein Heer Banianen vor einem kleinen Haufen Fleischfresser flieht.

Wir

Mir gefiel die Toleranz dieſes Mannes;
aber ich verſuchte ſie zu meinem Unglück, ver=
mutlich weil meine Natur ſchon lange nicht
mehr die angeborne, ſondern eine verkünſtelte,
verdorbene Natur war.

Nebenher wechſelte ich eben ſo oft mit
Arzneimitteln ab. Ich gebrauchte Stal,
China, Kräuterſäfte, Aſſa fötida, Seifenpil=
len u. ſ. w. je nachdem ich die Schwindſucht,
die Waſſerſucht, die Gelbſucht oder irgend eine
von den hundert Suchten befürchtete.[2] Da

Y 5   ich

2) Ein neuerer Genius hat den Einfall, für jede
   Sucht einen Arzt zu beſtellen, um jede gründ=
   lich zu erforſchen. Nach einer flüchtigen Berech=
   nung der namhaften Seuchen, die ein Ingre=
   diens dieſer beſten, freudigen Welt ſind, beſol=
   dete der Regent alsdann ungefähr anderthalb=
   hundert Leibärzte; erſt würde der Schnupfenarzt,
                                     dann

ich auch meinen Zuſtand in jedem Brunnen-
buch, und zahlreiche Beiſpiele beſcheinigter
Kuren antraf, ſo trinke ich ſchon ſeit zehn
Jahren die mineraliſchen Waſſer, wie ſie
auf der Landkarte folgen.

Im verwichenen Sommer trat in Pyr-
mont eine hagre, hohläugige Geſtalt zu
mir. Haben Sie, fragte das Geſpenſt
mit bebender Stimme, auch das kalte Bad
ſchon gebraucht? Es ſtärkt gewaltig. —
Hier fiel es in Ohnmacht. Ich leugne die
Kräfte des kalten Waſſers nicht. Im Waſſer
zu

dann der Fieberarzt, zuletzt der Schwindſucht-
arzt geholt. Man denke ſich den Competenzſtreit,
die praeventiones fori; der hat ſicher im Cartet-
ſchenfeuer gewandelt, der da mit ſeinem Leben
entwiſcht.

zu leben, nent Maillet[3]) respirer l'air natal,
und es kan sein, daß es zuweilen das ekelhafte
Dasein manches Invaliden verlängert. Mir
aber gerieth die Kur nicht, ich gebe vielmehr
der Erkältung dabei meine Gliederschmerzen
Schuld, welche weder die Dusche, noch das
Senfbad, noch das Dampfbad, noch irgend
ein warmes Bad, lindern will.

O Aeskulape! zürnet nicht, wenn mein
Glauben an eure Kunst zu wanken beginnt,
wenn ein unglücklicher Akzienspieler über die
Mäkler in Change = Alley schmält! Oft
helft ihr unstreitig, wann uns ein wütendes
Fieber ergreift, wann die Natur nur be=
stürmt, nicht zerrüttet ist; ihr dämpft den
Auf=

3) Unter dem Namen Telliamed behauptet er mit
vielem Wize, daß wir ursprünglich im Wasser
lebten. Nichts ist so abgeschmackt, was nicht ir=
gend ein Philosoph behauptet hätte, sagt Cicero.

Aufruhr; ja, ihr rettet zuweilen, wann
die Flamme durch alle Stockwerke lodert —
wenn das Gebäude nur noch fest ist. Aber
wann der Grund wegsinkt, wann die Fäul-
niß tief in den Hauptständern sizt, wann
ein chronisches Uebel an unsrer Lebenskraft
nagt, hilft alsdann Higiea dem Elenden
noch? Giebt es eine Wissenschaft, die un-
terliegende Natur aufzurichten? oder, wenn
ihr Funken noch glimmt, wenn sie noch
strebt, ist es weise, sie durch Arzneien zu
ermüden? in ihrem Gange zu verwirren?
Und wer wählt unter der zahllosen Menge
von Mitteln, die oft nur die Mode des
Tages in Schuz nimmt? Von der Trans-
fusion an bis zu Pommes [4] Brühen, welche

---

[4] Pomme, ein Arzt in Paris, der vor acht Jahren alle Krankheiten mit Hühnerbrühen heilte.

che Reihe von Pflanzen, Salzen, Gummi, Metallen und Giften? Theerwasser, Schierling, Harzrauch und Eicheln, Guajak und Pomeranzenblätter, Käfer, Würmer und Bella Donna, Vipernsuppen und Esels= milch), alle haben ihren Ruf überlebt; die Quassia ringt mit der China, und man fängt an vom Quecksilber übel zu sprechen; Dominicetti fumigirt alle Zufälle weg; je= ner lockt funkenweise Krankheiten ab, oder zieht sie durch Magnete wie Eisenstaub an; K. hilft durch die vim centrifugam, und P. heilt durch den Beischlaf das Podagra. Wehe dir Kranken, wann du in die Hände eines Amateurs fällst, der dich wie einen Appara= tus betrachtet, um an der Veränderung deiner Farbe, deinem Puls, deinem Schweiß, deinen Zuckungen, die unterhal=

tende

tende [5]) Wirkung seiner Versuche zu beobach-
ten! Wenn in einem deiner Haarröhrchen
eine Stockung entsteht, so verordnet man dir
auflösende Mittel. Diese sollen, im Magen
mit fremden Säften vermischt, hundertfältig
verändert., in tausend Kanäle vertheilt, mit
einem Tausendtheilchen an dem kranken Ort
noch mächtig genung sein, um die Verstopfung
auf-

5) Unterhaltend heißt, nach der Sprache eines
neuern Arztes, eine Komplikazion ungewöhnli-
cher Martern. Wann ein Elender, mit aufge-
triebenem Bauch, verdrehten Augen und hängen-
der Zunge, in schrecklichen Zuckungen heult, das
ist ein unterhaltender, interessanter Kasus. Als
D'Amiens zerfleischt ward, drängte sich ein wohl-
gekleideter Herr mit einem Fernglas ans Ge-
rüste, um die Operazion näher zu betrachten.
Der Henker half ihm ehrerbietig mit den Worten durchs Gedräng: place, place, Monsieur
est un amateur.

aufzulösen? Und wer ist dir Bürge, daß ein
allzustarkes Resolvens auf dem Wege zum
Uebel nicht ein größeres Unheil anrichtet?
Könt ihr irgend einen wirkenden Balsam zu
einer innern Wunde bringen? Nerven beruhigen, die lang zum Krampf gewöhnt sind?
ihre Federkraft herstellen? oder muß sich der
Elende mit dem Araber trösten, der, in seinem
Harem isolirt, umsonst von Niebuhrs Reisegefährten nur noch einmal die Freuden einer Nacht kaufen wolte?

Von Berger und Zimmermann, Wohlthäter der Menschen, wenn euch einst Muße am
Abend eurer Tage erwartet, so schreibt ein -
Buch, das noch nicht geschrieben ist, von gewisser Erfahrung. Ihr beobachtet mit Hip-
pokratischem Geist, ihr denkt großmütig und
edel, ihr verachtet die Sistemsucht, und forschet

schet nach Wahrheit, denn euer Herz ist em=
pfindlich; — gesteht der Welt die Lücken eurer
Wissenschaft, und krönt dadurch euer segenrei=
ches Leben; beschreibt heilbare Krankheiten
durch untrügliche Zeichen; nent zuverläßige
Mittel, und in zweifelhaften Fällen ruft den
Trostbegierigen zu, sich in die Arme der lieb=
reichen Natur zu werfen, die öfter hilft als
die Kunst, und gewiß seltner verdirbt! Euer
Buch wird nicht groß seyn — ein berühmter
englischer Arzt versprach, die ganze gegründete
Arzneikunst auf Einem Bogen zu hinterlassen.
— Es sei euer Koder, künftige Aerzte; und
wenn es nicht geschrieben wird, so rath' ich
euch, was Sydenham Blackmoren rieth: lest
nie ein ander Buch, als den Don Quixote.